G
rammar in
Real-Life
Conversation

聴くだけでラクラク身につく

生きた会話の英文法

岡悦子　ベンジャミン・トンプキンズ　ディビッド・A・セイン
Oka Etsuko　Benjamin Tompkins　　　　David A. Thayne

朝日出版社

はじめに

　この本は、日常の英会話の中によく出てくる重要な表現を、あなたが文法的に正しく使いこなしているかどうか、いろいろな角度から問うものです。

　もともとの内容は、英語学習月刊誌『CNN English Express』で数年にわたって連載され、大好評を得たものです。今回、連載記事の中から特に重要なものを選び、それぞれ関連する事項に分類して再構成しました。

　まず、表現の正誤を問う冒頭の問題文に頭をひねってみてください。何気ない表現でも、正しいかどうかと改めて問われてみれば、ハテナと首をかしげるに違いありません。

　問題文でOKかNGの正誤の判断をつけたら、ページをめくります。そこには問題文の答えがあり、同時に「どうしてOK/NGなの?」で、その表現の使い方が、文法・語法の観点から簡潔明解に説明してあります。さらに「もっと詳しくポイントチェック」には、関連した重要な事項や語句の説明が展開されています。そして、そのひとつひとつの具体例が右ページの「会話例」に挙げられています。そして最後には「もう、これが言える!」で、もう一度しっかりと知識の整理と確認をすることができます。「会話例」と「もう、これが言える!」の英文は、付録CDに収められていますので、何度も聴き、さらには自分でも声に出して練習してみましょう。

　この本を学習し終えたとき、みなさんには、文法の正しい理解に裏付けられた会話力がしっかり身についているはずです。

2003年10月

岡悦子
ベンジャミン・トンプキンズ
ディビッド・A・セイン

CONTENTS

文法・語法からの索引　viii

Part 1　知っていましたか？
ネイティブ表現を知る！

Chapter 1	聞きたい部分に what を置いても疑問文になる	3
Chapter 2	疑問文の形なのに疑問の意味を表さないって？	7
Chapter 3	なるほど、must はこう使える	11
Chapter 4	bad の最上級は worst が常識だけど……	15
Chapter 5	if の口語的用法を身につけよう	19
Chapter 6	ネイティブ感覚では they がこんなふうに使われる	23
Chapter 7	get、give、take: シンプルな動詞でここまで伝わる	27
Chapter 8	No! と言いたいときの便利な表現	31
Chapter 9	あいさつを英語でうまく言える？	35
Chapter 10	時代とともに意味が変わってきた言葉	39

Part 2　日本語につられていませんか？
日本語で考えるな、と言われてきたものの……

Chapter 1	「思う」には think を使いたくなるけど……	45
Chapter 2	「〜後=after」という図式には要注意	49
Chapter 3	同じ「許す」にもいろいろなケースがある	53
Chapter 4	丁寧に聞いたつもりが逆効果	57
Chapter 5	ネガティブな内容をポジティブに表現する	61
Chapter 6	所有格の落とし穴に気をつけよう	65
Chapter 7	can't を使っていいとき、悪いとき	69
Chapter 8	「びっくりした」は過去形？　現在形？	73
Chapter 9	「何も〜ない」には any と not を用いるけれど……	77
Chapter 10	カタカナ語が英語か和製語かを見きわめる	81

Part 3 | 応用できていますか？
おなじみ単語、会話ではこう使う

Chapter 1	逆接なのに and を使える？	87
Chapter 2	疑問文なのに already を使える？	91
Chapter 3	見抜こう、if のない仮定法表現	95
Chapter 4	say は、if の意味でも使える！	99
Chapter 5	dare で表すいろいろな表現	103
Chapter 6	be supposed to do をちゃんとわかってる？	107
Chapter 7	「〜もまた」は「too は肯定、either は否定」が原則だけど……	111
Chapter 8	いろんな応用がきく「should have＋過去分詞」	115
Chapter 9	it にはこんな使い方もある！	119
Chapter 10	please は「どうぞ」だけだと思い込んでいませんか？	123

Part 4 | 勘違いしていませんか？
何気なく使っているその英語、大丈夫？

Chapter 1	「人」を主語にできない形容詞に要注意！	129
Chapter 2	over 18 は「18 以上」ではない！	133
Chapter 3	身近に使える only にもこんな落とし穴が	137
Chapter 4	late の副詞は lately と思っていませんか？	141
Chapter 5	日にちは on で表すとは限らない	145
Chapter 6	people が「数えられない名詞」だと思っている人は要注意	149
Chapter 7	時制を一致させないこともある	153
Chapter 8	spend「過ごす」の使い方を文法的にしっかりつかもう！	157
Chapter 9	would の否定は wouldn't とは限らない	161
Chapter 10	a few「少しの」、few「ほとんどない」に問題アリ	165

Part 5 選択を誤っていませんか？
似た単語でも意味・用法はこんなに違う

Chapter	1	初対面かどうかで決まる meet と see	171
Chapter	2	「クラシック＝classic」とは限らない	175
Chapter	3	get to do と get to doing はまったくの別物	179
Chapter	4	意味は同じでも使い方が違う used to と would	183
Chapter	5	too には否定的な意味が含まれる	187
Chapter	6	「〜に」にはいつでも to を使える？	191
Chapter	7	「育つ」と「育てる」：自動詞と他動詞の区別は OK？	195
Chapter	8	need to do と need doing、「to 不定詞」と「動名詞」の使い分け	199
Chapter	9	always、all the time、every time：「いつも」の使い分け	203
Chapter	10	同じに見えて、実は違う anytime と any time	207

文法・語法からの索引

1. 一般動詞

1	基本動詞の応用法	27
2	「思う」に相当する動詞の用法	45
3	「許す」における forgive と allow の使い分け	53
4	say の持つ幅広い用法	99
5	be supposed to do の具体的用法	107
6	目的語が必要な動詞の用法	157
7	同義語 meet と see の使い分け	171
8	自動詞・他動詞の区別がまぎらわしい動詞	195
9	please の持つバリエーション	123

2. 助動詞

1	must の効果的用法	11
2	can't の幅広い用法	69
3	dare の助動詞用法・一般動詞用法	103
4	used to と would の用法の違い	183

3. 名詞・代名詞

1	they の英語らしい使い方	23
2	所有格における注意点	65
3	「漠然とした状況」を表す it の用法	119
4	同一名詞における可算・不可算	149

4. 副詞

1	already の疑問文・否定文での適用	91
2	too「～もまた」の否定文での適用	111
3	-ly 型の副詞における注意点	141
4	「とても」における very と too の区別	187
5	always、all the time、every time の使い分け	203
6	anytime と any time の使い分け	207

5. 形容詞

1　badの比較・最上級　15
2　「人」を主語にできない形容詞　129
3　a few の a に代わる限定詞　165
4　-ic型と-ical型の形容詞における注意点　175

6. 前置詞・接続詞

1　「〜後に」における after と in の使い分け　49
2　and の逆説的用法　87
3　「〜以上」「〜以下」を表す over、under　133
4　on を用いない日にち表現　145
5　「〜に」を表す前置詞の使い分け　191

7. 疑問文・感嘆文

1　語順にとらわれない疑問文　3
2　疑問形で示す感嘆表現　7
3　否定疑問文の用法　57

8. 否定表現

1　否定的返答のバリエーション　31
2　否定内容の肯定的表現　61
3　全体否定における注意点　77

9. 仮定法

1　if の口語的用法　19
2　if のない仮定法　95
3　仮定法過去完了「should have ＋過去分詞」の実践的用法　115

10. 時制

1　現在形で示すべき範囲　73
2　時制の一致とその適用外　153

11. 不定詞

1 「to 不定詞」と「前置詞 to＋〜ing」の使い分け　　179
2 「to 不定詞」と「動名詞〜ing」の使い分け　　199

12. 語順

1 only の位置に関する注意点　　137
2 助動詞の直後に not を置かないケース　　161

13. 表現

1 英語にできない日本語表現　　35
2 時代とともに意味が変わってきた言葉の用法　　39
3 和製英語の文法的検証　　81

Part 1

知っていましたか?

—— ネイティブ表現を知る! ——

CHAPTER 1

「何を専攻してたって？」
―― 聞きたい部分に what を置いても疑問文になる ――

問：下線部の英語、OK？ それとも NG？

A：私、行動科学を専攻してたの。
B：何を専攻してたって？
A：<u>I majored in behavioral science.</u>
B：<u>You majored in what?</u>

Part 1 知っていましたか？ 3

正解は ➡➡➡ **OK**

どうして OK なの？

学校文法では、what を用いた疑問文の構成について、まず what を文頭に置き、助動詞、主語、動詞といった順に文章を組み立てると学んだ。この原理からすると、問題文の場合、What did you say you majored in? という形にしなければならない。しかし実際の会話では、相手のせりふの中で自分が聞き取れなかった部分に what を置いて聞き返すことも多いので覚えておこう。

正解訳
A：I majored in behavioral science.
B：You majored in what?

もっと詳しくポイントチェック

右の会話例を見ながら、さらに理解を深めよう。
注意点：この形の疑問文（会話例①）の注意点には次のようなものがある。①主語は自分から見た人称に変える（＊問題文の場合 I ではなく You にする）。②発話の際はふつう what にストレスを置く。③聞かれた相手はその部分のみ（＊問題文の場合は In behavioral science.「行動科学です」）を答えればよいが、難しい言葉であるため聞き取りにくかった、と考えられるような場合は、内容の説明などを付け加える。
ニュアンスの違い：同じ You what? でも会話例②は、相手の言葉を単に聞き返す表現だが、会話例③は、相手への驚き・怒りを示し「えっ、何だって？」という感じで用いている。
相手の言葉全体を聞き返す場合：単に What? と聞くこともできるが（会話例④）、乱暴な言い方なので、丁寧な聞き方をしたいときは Excuse me? や I beg your pardon? を用いる。

会話例——読んで、聴いて覚える英文法

1

A：玲子の証言で、理恵の無罪が証明されたんだ。
B：彼女がどうしたって？

A : Reiko exonerated Rie with her testimony.
B : *She what?*

2

A：僕、なんか変な問題に巻き込まれたんだ。
B：あなたがどうしたって？

A : I got entangled in a strange problem.
B : *You what?*

3

A：大輔、見て。これ、学校から盗ってきちゃった。
B：何だって?!

A : Look, Daisuke. I stole this from school.
B : *You what?!*

4

A：torpidであるってことは気力がないってこと、つまり君のような状態を表すんだ。
B：えっ、何？

A : To be torpid means to be dull, kind of like you.
B : *What?*

もう、これが言える！

次は練習問題にチャレンジ。スラスラ言えるようになるまで、くり返しやってみよう。

1. (「私、ザッハトルテが好きなの」と言われ)
   何が好きだって？

2. (「うちの父は犯罪心理学者なんだ」と言われ)
   君のお父さんが何だって？

3. (「僕、……にがっかりしたんだ」の「……」の部分が聞きとれず)
   何にがっかりしたって？

4. (「あなたのブランデー、全部飲んじゃった」と言われ)
   何だって!?

5. (わけのわからないことを言われ)
   えっ、何？

解答例

1. **You like *what*?**
2. **He's a *what*?**
3. **You were disappointed in *what*?**
4. **You *what*?!**
5. ***What*? /** (丁寧に)**Excuse me?、I beg you pardon?**

CHAPTER 2

「まったく、あいつ、おしゃべりだな」
―――― 疑問文の形なのに疑問の意味を表さないって？ ――――

問：下線部の英語、OK？　それともNG？

A：落第しちゃったんだって？　さおりに聞いたわ。
B：まったく、あいつ、おしゃべりだな。
A：You flunked, didn't you? Saori told me.
B：Oh, boy, <u>does she talk</u>!

Part 1　知っていましたか？

正解は ➡➡➡ **OK**

どうして OK なの？

語順は疑問形でも、相手に何かをたずねているわけではないというケースもある。たとえば「まったく〜だね」というように感嘆文と同じようなあきれた感じを出したい場合に、疑問形を用いることがある。問題文はその例で、ここでの boy は「少年」という意味ではなく、驚き・喜び・あきれた気持ち・失望などを表す間投詞。

|正解訳|

A : You flunked, didn't you? Saori told me.
B : Oh, boy, does she talk!

もっと詳しくポイントチェック

右の会話例を見ながら、さらに理解を深めよう。

感嘆文的表現：会話例1は文法的には疑問形であるが、実際に相手に返事を求めているわけではなく、「まったく、私って鈍いよね」と自分にあきれている気持ちを表現したもの。感嘆文と似た働きをするが、感嘆文より口語的。疑問文との区別を明確にし、感情をうまく表すためにも、表記の際にはふつう、文尾には疑問符(?)ではなく感嘆符(!)をつける。会話では文頭に Oh や Wow などの間投詞を置いたり、文中に強調語 ever を挿入したりすることが多い。発話の際は、アクセントは ever に置き、文尾はピッチを下げる。会話例2もこの用法。

要求・依頼：Could[Would] you ...?、Can I ..., please? などは形は疑問文であるが、実際には「要求」や「依頼」の気持ちを表す（会話例3、4）。

会話例──読んで、聴いて覚える英文法

1
A：武がリエに首ったけだって、君もわかってると思ってた。
B：あーん、私って、鈍いなあ。
A：I thought you knew Takeshi was head over heels in love with Rie.
B：Oh, *am I ever slow*!

2
A：すごいラリーね！ こんなテニスの試合、めったに見られないわ。
B：うわっ、あいつよく拾うなあ。
A：What a rally! You hardly ever see a tennis match like this.
B：*Wow, can he ever receive*!

3
A：貧乏ゆすりするの、やめてくれない？
B：ごめん、自分でもやめられないんだよ。
A：*Could you* stop jiggling your legs?
B：Sorry, I can't help it.

4
A：お水を一杯いただけるかしら。
B：いいよ。はい、どうぞ。
A：*Can I* have a glass of water, *please*?
B：Sure. Here you are.

もう、これが言える！

次は練習問題にチャレンジ。スラスラ言えるようになるまで、くり返しやってみよう。

1. まったく、やつは雄弁だなあ。

2. ほんっとに私ってドジよね。

3. 彼女の食べっぷりには感心するわ。

4. 本当のことを話してくれないかな。

5. 電話をお借りしたいんだけど。

解答例

1. **Oh, boy,** *is he a great speaker*!
2. **Oh,** *am I ever stupid*!
3. **Wow,** *can she ever eat*!
4. *Could you* **tell me the truth?**
5. *Can I* **use your phone,** *please*?

CHAPTER 3

「もう一杯飲んでってよ」
―― なるほど、must はこう使える ――

問：下線部の英語、OK？　それとも NG？

A：あら！　もうこんな時間？　すっかり長居しちゃって、ごめんなさい。

B：まあ、そう言わずに。もう一杯飲んでってよ。

A：What! It's already this late? Sorry to have overstayed my welcome.

B：Don't worry. You <u>may</u> stay and have another drink.

正解は ➨➨➨ **NG**

どうしてNGなの？

助動詞 must には「強制」の感じが含まれるので、使う際は注意が必要だが、相手に強制することが逆に相手への思いやりになるような場合、「ぜひ〜してください」という感じで You must ... の形を用いることができる。ここで may を用いると、「〜してもよろしい」という高飛車な感じになり、適していない。

正解訳

A : What! It's already this late? Sorry to have overstayed my welcome.
B : Don't worry. You must stay and have another drink.

もっと詳しくポイントチェック

右の会話例を見ながら、さらに理解を深めよう。

強制の must：「〜しなければならない」という意味で用いる場合、強い命令的な言い方になるため（会話例①）、注意が必要。

1人称の must： 1人称（I や we）で用いると、いろいろな状況で気持ちをうまく表現できる。たとえば、少し言いにくいような内容を「私、〜しなきゃ」と言う場合に、I must ... の形を用いることで、「本当はやりたくないけど、どうしてもやらなくてはならない」という気持ちをうまく表せる。I must be going.（会話例②）は、相手に別れを告げるときの決まり文句。また We must ... の形を用いることで、「ぜひ〜しましょう」という気持ちを強調して表すことができる（会話例③）。

2人称の must：相手の喜びそうなことに誘ったりするようなときには、2人称で You must ... の形を用いる（会話例④）。

会話例──読んで、聴いて覚える英文法

1
A：宿題はあとでやるから。今はこのマンガを読ませてよ。
B：宿題が先よ！
A：**I'll do my homework later. Please let me read this comic book now.**
B：**You *must* do your homework first!**

2
A：暗くなってきた。日が沈むの、日増しに早くなるね。
B：本当ね。じゃあ、そろそろ行かなきゃ。
A：**It's getting dark. The sun's setting earlier and earlier.**
B：**So it is. Well, *I must be going* now.**

3
A：今日はほんとに楽しかったわ。私、パーティーって大好き！
B：僕も。絶対に、またやろうね！
A：**I've had so much fun today. I love parties!**
B：**Me, too. *We must* do this again sometime!**

4
A：郊外に引っ越したんだって？
B：そうなの！　そのうち、ぜひ遊びに来てね。
A：**I heard you moved to a house in the suburbs.**
B：**Yes! *You must* come by sometime.**

Part 1 知っていましたか？　13

もう、これが言える！

次は練習問題にチャレンジ。スラスラ言えるようになるまで、くり返しやってみよう。

1. (「締め切りの期日は守らなきゃいけない？」と聞かれ)
   もちろん、守らなきゃいけないよ。

2. もうおいとましなければ。

3. 絶対またランチに行こうね。

4. ぜひ、うちにいらしてください。

5. これ、ちょっと食べてみて！

解答例

1. **Of course, you *must*.**
2. ***I must* be leaving[going/off] now.**
3. ***We must* have lunch together again some time.**
4. ***You must* come see us.**
5. ***You must* try[have a bite of] this.**

CHAPTER 4

「彼は最高」
────── bad の最上級は worst が常識だけど…… ──────

問：下線部の英語、OK？　それとも NG？

A：あのバンドのドラマー、なかなかいいわね。
B：なかなかいい、ですって!?　彼は最高よ！
A：That band's drummer is quite good.
B：Quite good?!　He's the baddest!

正解は ➡➡➡ **OK**

どうして OK なの？

bad の最上級は worst ではないかと思う読者もいるかもしれない。しかし bad という形容詞には「悪い」という意味のほかに、おもに俗語で「とてもよい、イケている」という意味で用いられることがある。そしてこの意味で用いる bad の比較級・最上級は badder、baddest なのである。ふつうは間違いだとされるこの形も、意味によっては正しい用法となる。

|正解訳|

A：That band's drummer is quite good.
B：Quite good?!　He's the baddest!

もっと詳しくポイントチェック

右の会話例を見ながら、さらに理解を深めよう。

worse・worst について：bad の比較級・最上級の変化は不規則で、bad、worse、worst となる。会話例1はこの比較級 worse を用いた例。また worse、worst は bad だけでなく、「(事・物が) 悪い」という意味の場合、形容詞 ill の比較級・最上級の変化としても用いられる（会話例2）。ただし「病気の」という意味の ill では比較級・最上級は iller、illest なので注意。さらに副詞 badly、ill（悪く）の比較級・最上級の変化にも worse、worst が用いられる（会話例3）。

badder・baddest について：会話例4は、「とてもよい、イケている」という意味で用いられている bad の例で、この意味の比較・最上級は badder、baddest となる。ただし、これはかなりくだけた表現なので、使用する場合には気をつけたい。

会話例——読んで、聴いて覚える英文法

1
A：彼女、それできなかったの？　じゃあ、私がやるわ！
B：事態が余計悪化するよ。

A : Couldn't she do that?　I'll do it, then!
B : It'll make things *worse*.

2
A：僕が代わりに選んであげるよ。
B：だめよ、あなたは私より運が悪いじゃない。

A : I'll choose it for you.
B : No, you have *worse* luck than me.

3
A：この曲のコーラス、ヒデに頼もうよ。
B：なんで？　彼はクラブの中で一番歌が下手なんだよ。

A : Let's get Hide to do the vocals for this song.
B : Why?　He sings *the worst* of everyone in the club.

4
A：あの車、すっごくいい。あれ欲しいなあ。
B：あれはスリップファイアー3X。400台限定発売のやつだ。

A : That car, it's *bad*. I want it.
B : That's a Slipfire 3X. They only made 400 of them.

もう、これが言える！

次は練習問題にチャレンジ。スラスラ言えるようになるまで、くり返しやってみよう。

1. それくらいですんでよかった。（「もっと悪いことになっていた可能性もある」という意味合いを込めて）

2. 残念ながら、彼の容態は悪くなっている。

3. あれは僕の生涯最悪の日だった。

4. ランは昨日、かなりイケてる男の子を連れて歩いてたよ。

5. 彼の新しいCDアルバムは最高だね。

解答例

1. **It could have been *worse*.**
2. **I'm afraid[sorry to say] that he's getting *worse*.**
3. **That was *the worst* day of my life.**
4. **I saw Ran walking with a seriously *bad* boy yesterday.**
5. **His new CD album is *the baddest*, isn't it?**

CHAPTER 5

「関係ないだろ」
―― if の口語的用法を身につけよう ――

問：下線部の英語、OK？　それとも NG？

A：その計画には、母が反対するかもしれないわ。
B：関係ないだろ。
A：My mother will probably be opposed to that idea.
B：<u>What if</u> she is?

正解は ➡➡➡ **OK**

どうしてOKなの？

口語ではよく What if ...? という表現を用いる。これは「～したらどう（なるのだろう）？」ということで、「提案」や「不安な気持ち」などを表すが、そこから反語的に「もし～しても、それがどうだというのだ」→「～しても構わない」という強気な意味で用いることもできる。

正解訳

A：My mother will probably be opposed to that idea.
B：What if she is?

もっと詳しくポイントチェック

右の会話例を見ながら、さらに理解を深めよう。

What if ...?：会話例1の What if ...? は「不安な気持ち」を表した用法。これは What are we going to do if he doesn't come? の略で、if 以下が「時を表す副詞節」であるため、未来のことであっても動詞には現在形を用いる点に注意。問題文のような反語的用法の場合、全体を単調に発音したり、また so を伴い So what if ...? の形にすることも多い。

その他 if を用いた表現：① If so[not], ...：前言を受け、「もしそうなら」と言うときは If so, ... （会話例2）、逆に「もしそうでないなら」と言うときは、If not, ... という表現を用いることができる（会話例3）。② if any：「もし、あるとすれば」という意味で、よく文中に挿入する形で用いる。ただし口語では、if there are any のような形で、わかりやすく表現することも多い。また「ほとんどない」のような否定語の言葉とともに用いる場合は、「たとえあるとしても」という意味になる（会話例4）。

会話例 ── 読んで、聴いて覚える英文法

①
A：秀樹、遅いなあ。試合、もう始まっちゃうよ。
B：彼が来なかったらどうする？
A：**Hideki is late. The game is about to start.**
B：*What if* **he doesn't come?**

②
A：由紀は事の真相を知ってるって言ってるよ。
B：もしそうなら、浩二と別れるのは時間の問題だわ。
A：**Yuki says she knows the truth of the matter.**
B：*If so*, **it's only a matter of time before she breaks up with Koji.**

③
A：寒い？ 寒くないんだったら、ストーブを消すよ。
B：消さないで。足が冷たいの。
A：**Are you cold?** *If not*, **I'll turn the heater off.**
B：**Please don't. My feet are cold.**

④
A：レポートができたんだけど、間違いをチェックしてくれない？
B：君のことだから、あっても間違いは少ないだろうね。
A：**I've finished the report. Would you please check it for mistakes?**
B：**Knowing you, there'll be few mistakes,** *if any*.

もう、これが言える!

次は練習問題にチャレンジ。スラスラ言えるようになるまで、くり返しやってみよう。

1. 道に迷ったら、どうする?

2. (「うちの夫は昇格しないかもしれない」と嘆く友人に)
   それでもいいじゃない。

3. (男友達に「好きな子が彼氏と別れたらしい」と相談され)
   もしそうなら、あなたにとってはチャンスじゃない。

4. 疲れた? 疲れていなければ仕事を続けよう。

5. (求人広告を出した人事課長がつぶやいて)
   うちへの応募は、あったにしても、少ないだろうね。

05 解答例

1. *What if* we lose our way?
2. *So what if* he isn't?
3. *If so*, you'll get a chance.
4. Are you tired? *If not*, let's continue[keep] working.
5. I'm afraid we will get few, *if any*, responses to our ad.

CHAPTER 6

「うちもリフレッシュ休暇を導入するらしい」
―― ネイティブ感覚では they がこんなふうに使われる ――

問：下線部の英語、OK？　それとも NG？

A：うちも今年から、リフレッシュ休暇を導入するらしいよ。
B：それはいいね。ここで働くのも悪くないって気になるよ。
A：I heard it's going to start giving us long service leave from this year.
B：That's great. I'm beginning to like working here.

Part 1 知っていましたか？

正解は ➡➡➡ **NG**

どうして NG なの？

日本語と英語で大きく違うもののひとつに、代名詞の使い方がある。この点について they を中心に見てみよう。問題文では、our company（うちの会社）を代名詞で表すのだから it でいいのでは、と考えた人もいるかもしれない。しかしこのような場合、英語では「自分の会社」というより「会社の中の経営陣」、つまり「自分たちを含まないグループに属する人たち」を表す they を用いるのが自然。

|正解訳|

A：I heard they're going to start giving us long service leave from this year.
B：That's great. I'm beginning to like working here.

もっと詳しくポイントチェック

右の会話例を見ながら、さらに理解を深めよう。

they と we：同じように会社の話をする場合でも、相手がその会社に属しておらず、かつ自分を会社に含めて言う場合は、they ではなく we を用いる（会話例1）。

英語らしい they の用法：「世間一般の人々」のほか、「店の人」などを指すことも多い（会話例2）。また何らかの権威ある機関も they で表す。会話例3の they は「警察」を指すが、このように、文脈でそれとわかるときには the police よりも they を用いるほうが自然。

単数名詞に用いる they：they はふつう既出の「複数名詞」を指す代名詞として用いられるが、everyone、anyone など、文法的には単数扱いすべき（代）名詞を、最近では they で受ける傾向にある（会話例4）。

会話例——読んで、聴いて覚える英文法

1
A：この商品は、わが社が自信を持ってお薦めできる商品です。
B：詳しいお話を聞かせてください。
A : This is a product *we* feel very confident recommending.
B : Please tell me more about it.

2
A：この店では、新鮮な有機野菜を売ってるのよ。
B：知ってる。この前食べてみたら、おいしかった。
A : *They* sell fresh organic vegetables here.
B : I know. I tried some the other day, and they tasted great.

3
A：連続殺人犯が捕まったってよ。
B：よかった。これで安心して外を歩けるわ。
A : *They* arrested the serial killer.
B : I'm glad to hear that. Now I can feel safe when I go out.

4
A：私って欠点だらけの人間だわ。
B：だれも自分が完ぺきだなんて思ってないよ。
A : I've got so many faults.
B : *Nobody* thinks *they* are perfect.

Part 1 知っていましたか？ 25

もう、これが言える！

次は練習問題にチャレンジ。スラスラ言えるようになるまで、くり返しやってみよう。

1. うちの学校、制服廃止にするらしいよ。

2. うちの学校の修学旅行はハワイだった。

3. 習うより慣れろ、とはよく言ったものだ。

4. 警察は暴力行為への取り締まりを強化した。

5. だれもが自分を表現する方法を模索している。

解答例

1. **I heard** *they*'re going to do away with school uniforms.
2. *We* went to Hawaii on our school trip.
3. *They* say practice makes perfect.
4. *They*'ve strengthened regulations against acts of violence.
5. *Everyone* is searching for ways to express *themselves*.

CHAPTER 7

「振ったのは僕のほうだよ。わかる？」
―― get、give、take: シンプルな動詞でここまで伝わる ――

問：下線部の英語、OK？　それともNG？

A：あなた、優香に振られちゃったんだってね。
B：違うよ。振ったのは僕のほうだよ。わかる？

A：I heard Yuka dumped you.
B：No way. I dumped her. <u>Get it?</u>

Part 1　知っていましたか？

正解は ➔➔➔ **OK**

どうして OK なの？

「簡単な単語で多様な表現をする」ことを覚えよう。たとえば問題文では、「私の言っていることわかる？」という意味なので、Do you understand what I'm saying? でも正しいが、特に会話では (Do you) Get it?「(考えなどを) 理解した？」のほうが自然。このように「入ってくる、手に入れる」動きに関してはたいてい get で表せる。

正解訳
A：I heard Yuka dumped you.
B：No way. I dumped her. Get it?

もっと詳しくポイントチェック

右の会話例を見ながら、さらに理解を深めよう。

give：外へ「与える」という動きに関しては基本的に give を用いることができる。会話例①の場合、list や contain という動詞を用いることもできるが、give を用いるほうが自然。

take：「取る、奪う」という意味合いは基本的に take で表すことができ、「(切符などを) 予約する、(新聞などを) とる、～を選ぶ」などさまざまな場面で用いられる。「ディーゼル車」は、a car with a diesel engine のように複雑に言わなくても、it takes diesel でよい（会話例②）。

have：「所有」を表す場合は have を活用することができ、物を主語にすることも多い（会話例③）。（＊アメリカ英語では have got や got の形で用いられることが多い）

make：「～を作り上げる、成す」という意味合いには make を活用できる。たとえば「引き起こす」と言う場合、cause や bring about でなくとも、make で通じる（会話例④）。

07 会話例──読んで、聴いて覚える英文法

1

A：あなたの机の上にある大きな本は何？
B：アメリカの大学についてのいろんな情報が載ってる本だよ。

A : **What's that huge book on your desk?**
B : **It's a directory that *gives* all sorts of information about American universities.**

2

A：週末に、車を貸してくれて助かるよ。
B：どういたしまして。でも給油するときは、ディーゼル車だってことを忘れないで。

A : **Thanks for loaning me your car for the weekend.**
B : **No problem. But remember that, if you have to fill it up, it *takes* diesel.**

3

A：その会社なら、評判いいわよ。
B：評判は必ずしも現実とは一致しないよ。

A : **That company *has* a good reputation.**
B : **Reputations don't necessarily coincide with reality.**

4

A：彼はちょっと皮肉が過ぎるわね。
B：まったく、彼はいつも面倒を起こしているよね。

A : **He tends to be too sarcastic.**
B : **Yeah, he's always *making* trouble.**

Part 1 知っていましたか？

もう、これが言える！

次は練習問題にチャレンジ。スラスラ言えるようになるまで、くり返しやってみよう。

1. 彼のジョーク、わかった？（get を用いて）

2. 例を示してもらえます？（give を用いて）

3. 妻にタバコを取り上げられたんだ。（take を用いて）

4. アズサは記憶力がすごくいい。（has を用いて）

5. 予定を変更したよ。（make を用いて）

解答例

1. **Did you *get* his joke?**
2. **Can you *give* me an example?**
3. **My wife *took* my cigarettes *away* from me.**
4. **Azusa *has* a super memory.**
5. **I *made* a change in the schedule.**

CHAPTER 8

「それはどうかな」
―― No! と言いたいときの便利な表現 ――

問：下線部の英語、OK？ それとも NG？

A：坂本はまったく身勝手なやつだ。
B：それはどうかな。
A：**Sakamoto's such a selfish pig.**
B：<u>You're wrong.</u>

正解は ➡➡➡ **NG**

どうしてNGなの？

相手に賛成しかねるとき、英語でははっきりと You're wrong.（君は間違っている）のように言わなければならないと思っている人もいるかもしれない。しかし英語でも婉曲表現を用いるほうがいい場合も多いので注意。たとえば友人との会話で相手の発言に疑問を持ち、「そうかな」と言いたいような場合は、I don't know about that.「それについてはよくわからない」などの表現で、相手の発言をソフトに否定するほうがよい。

正解訳
A : Sakamoto's such a selfish pig.
B : I don't know about that.

もっと詳しくポイントチェック

右の会話例を見ながら、さらに理解を深めよう。
肯定文による否定：I doubt it. のように、文法的には肯定文であるが意味的には否定を表す表現もある（会話例①）。
部分的な否定：会話例②のように、「その点では」と限定することで、「あなたのことは全体的に認めているけれど、ことその点に関しては賛成しかねる」という意味になり、理論的になる上に、表現全体の否定のニュアンスも和らぐ。
きっぱりした否定：I don't think ...「～とは思わない」などは、かなりきっぱり否定したいときに用いることのできる表現（会話例③）。
強い否定：「とんでもない！」「絶対にだめだ！」というように強く否定したい場合は、会話例④の No way! などを用いる。

08 会話例——読んで、聴いて覚える英文法

1
A：このお茶を飲めば、1週間で3キロ減量できるんだって。
B：それ、あやしいんじゃない。
A：They say you'll lose three kilos a week if you drink this tea.
B：*I doubt it*.

2
A：知華は優秀よ。主任に昇格させてもいいと思うわ。
B：確かに彼女は優秀だけど、昇格は賛成できないな。
A：Chika's a great worker. It's time we promoted her to manager.
B：She is, but *I can't go along with you on that last point*.

3
A：僕が会社を辞めて責任をとったほうがいいと思うんだ。
B：そうは思わないわ。残って最後まで頑張るのが責任をとるってことじゃないかしら。
A：I think I'd better quit and take responsibility.
B：*I don't think* you should. To me, taking responsibility means sticking it out to the end.

4
A：今月はお金が足りない。カードローンを利用しよう。
B：絶対だめだよ！
A：We don't have enough money this month. Let's take some out on the credit card.
B：*No way!*

もう、これが言える！

次は練習問題にチャレンジ。スラスラ言えるようになるまで、くり返しやってみよう。

1. (「ボスが悪い」と主張する同僚に)
   どうかなあ。

2. (「絶対にこっちのチームが勝つよ」と言う相手に)
   そうかな。

3. その件に関しては、全面的に賛成というわけではありません。

4. (「きっと彼女は離婚するわ」と言う妻に)
   そんなことないと思うよ。

5. (「今日は学校をサボろうよ」と言う友人に)
   絶対だめ！

解答例

1. ***I don't know about that.***
2. ***I doubt it.***
3. ***I can't completely agree with you on that matter.***
4. ***I don't think*** she will.
5. ***No way!***

CHAPTER 9

「じゃあ、行ってきます」
―― あいさつを英語でうまく言える？――

問：下線部の英語、OK？ それとも NG？

A：忘れ物ない？ 定期と財布、持った？
B：うん、大丈夫。じゃあ、行ってきます。
A : You have everything? Your pass, money?
B : Yep. So, I'll go.

正解は ➔➔➔ **NG**

どうして NG なの？

「直訳できない日本語」をあいさつを中心に見てみよう。たとえば「行ってきます」は状況に応じていろいろな表現を用いるが、一般に See you.（じゃあ）、See you later.（またね）などが自然。I'll go. という表現は出かける際のあいさつとしてはそぐわない。

正解訳

A：You have everything? Your pass, money?
B：Yep. So, see you later.

もっと詳しくポイントチェック

右の会話例を見ながら、さらに理解を深めよう。

「行ってきます」：上記のほか、I'll be back around …（〜時ごろに帰るよ）や Bye. など。

「行ってらっしゃい」：Be careful.（気をつけてね）や Have a nice day.（いい一日を）などが自然。See you. や Bye. でもいい。

「ただいま」：Hello.（会話例①）、または I'm back [home]. や、Hi. と言う。

「おかえり」：Hello. のほか、Anything new today?（今日は何かあった？）、How was your day?（今日はどうだった？）など。

「いただきます」「ごちそうさま」：会話例②や③のように、その場の状況に応じて自然な表現で受け答えする。

「お世話になりました」「お疲れさまでした」：Thank you for taking care of me. や You must be tired. とは言わないが、実際に病人として面倒を見てもらったり、実際に体が疲れている場合には用いる。自然なやりとりは会話例④。この場合、Thank you. は you を強く発音する。

会話例——読んで、聴いて覚える英文法

1

A：お母さん、ただいま。
B：おかえり。今日はどうだった？
A : Mom, *I'm home*.
B : *Hello*. *How was your day?*

2

A：さあ、どうぞ。
B：では、いただきます。(一口食べて)これ、すごくおいしいですね。
A : Help yourself.
B : *Thanks*. (after eating a mouthful of food) **This is really good.**

3

A：おかわりはどう？
B：もうおなかいっぱい、ごちそうさま。おいしかったよ。
A : How about another serving?
B : I'm full now, *thanks*. It was delicious.

4

A：いろいろお世話になりました。
B：いえいえ。どうもお疲れさまでした。
A : *Thanks for all your help*.
B : Not at all. *Thank you*.

もう、これが言える！

次は練習問題にチャレンジ。スラスラ言えるようになるまで、くり返しやってみよう。

1. 行ってらっしゃい。

2. お帰り。今日はどうだった？

3. いただきます。(「わあ、おいしそう」という表現に言い換える)

4. どうもお世話になりました。

5. (残業している同僚に)
   がんばってね！(「働き過ぎないようにね」という表現に言い換える)

解答例

1. *Have a nice day.*
2. *Hello. Anything new today?* [*How was your day?*]
3. *Mmm, this looks delicious.*
4. *Thank you very much for your kindness. / Thank you for all your help.*
5. *Don't work too hard.*

CHAPTER 10

「すばらしく上手にやってのけた」
―――時代とともに意味が変わってきた言葉―――

問：下線部の英語、OK？ それともNG？

A：イサムはその仕事ちゃんとできた？
B：うん。すばらしく上手にやってのけたよ。
A : Did Isamu do the job right?
B : Yeah, he did an <u>awful</u> good job.

Part 1 知っていましたか？　39

正解は →→→ **OK**

どうして OK なの？

特に口語では、もとの意味・用法から拡張した表現が用いられることがある。たとえば形容詞 awful は「畏怖の念を感じさせる」から「恐ろしい」「ひどい、とんでもない」の意味でも用いられるようになったが、さらに問題文のように、「すごく、とても」という意味の副詞としても用いられるようになっている。この意味では副詞 awfully よりも awful を用いるほうが口語的。

正解訳
A：Did Isamu do the job right?
B：Yeah, he did an awful good job.

もっと詳しくポイントチェック

右の会話例を見ながら、さらに理解を深めよう。

awful：現在ではもとの「畏怖の念を感じさせる」という意味で用いられることはあまりない。その意味では awesome が用いられるが、この awesome もまた、「すごい、最高の」などを表す言葉として用いられるようになってきている（会話例1）。

a ton of：もともと「1トンの」という意味だが、「たくさんの」という意味を表したいときにも用いる。会話例2では、もちろん実際に1トン分のプレゼントがあるわけではない。

専門用語：ある専門的意味を持った語が一般語として用いられるようになるという変化もある。たとえば plus という語はもともと数学関係の語であったが、特に口語では「〜に加えて」という意味の前置詞や、「その上」という意味の接続詞としても用いられるようになった（会話例3）。また minus も、会話では without（〜なしで、〜が欠けて）の代わりに用いられることがある（会話例4）。

会話例——読んで、聴いて覚える英文法

1
A：スピルバーグの新しい映画、見た？
B：もちろん。すっごくよかった！
A : **Did you see the new Spielberg film?**
B : **Of course. It was *awesome*!**

2
A：誕生パーティー、どうだった？
B：楽しかったよ。山ほどプレゼントもらっちゃった。
A : **How was your birthday party?**
B : **I had a great time. I got *a ton of* presents.**

3
A：ハナは知的で優しいね。
B：その上、エレガントだしね。完ぺきだよ。
A : **Hana is smart and kind.**
B : ***Plus* she is elegant. She's perfect.**

4
A：髪の毛のない茂雄って想像できる？
B：彼は、はげても OK だと思うわ。
A : **Can you imagine Shigeo *minus* his hair?**
B : **I think he'd look good bald.**

Part 1 知っていましたか？

もう、これが言える！

次は練習問題にチャレンジ。スラスラ言えるようになるまで、くり返しやってみよう。

1. この部屋はめちゃくちゃ暑いよ。

2. (「外車を買ったんだ。見て！」と言う友人に)
   うわあ、すっごいね！

3. 汚れたお皿が山のようにあるの。

4. (「腹筋だったら、いつでもどこでもやれるよ」と言われ)
   その上、お金もかからないものね。

5. (「僕、物持ちがいいんだ」と言う相手に)
   うわあ、君って取っ手のとれたコーヒーカップも使ってるんだ。

解答例

1. It's *awful*[*awfully*] hot in this room.
2. Wow, it's *awesome*!
3. There are[I have] *a ton of* dishes to wash.
4. *Plus* it costs you nothing./*Plus* it doesn't cost you anything.
5. Wow, you use[you're using] a coffee cup *minus* the handle.

Part 2

日本語につられていませんか？

―― 日本語で考えるな、と言われてきたものの……　――

CHAPTER 1

「さぞやお疲れのことと思います」
―――「思う」には think を使いたくなるけど……―――

問：下線部の英語、OK？　それとも NG？

A：一日中、ボスの相手をしなくてはならなかったんだ。彼は本当におしゃべりな人なんだよ！
B：さぞやお疲れのことと思います。
A：**I had to keep the boss company all day long. What a talker he is!**
B：**I think you are very tired.**

正解は ➡➡➡ **NG**

どうしてNGなの？

日本語の「思う」をすべてthinkで表すことができるとは限らない。たとえば相手の今の状態をthinkで表すことはできないため、問題文のような場合、You must be very tired [exhausted]. のような表現にする。ただし、この表現は相手が実際に疲れていると思われる状況で使う。

正解訳

A : I had to keep the boss company all day long. What a talker he is!
B : You must be exhausted.

もっと詳しくポイントチェック

右の会話例を見ながら、さらに理解を深めよう。

think：第三者については I think he is angry. （彼は怒っていると思う）と言うことができる。また目の前の相手でも、推定などを表した、I think you'll like Denver. （あなたはデンバーを気に入ると思う）のような表現の場合は think で OK。

believe・be sure：「強く思う、信じる」というニュアンスを表すことができる（会話例1）。

guess：会話例2は How old do you think she is? と言うこともできるが、「見当をつけてみて」という意味なので guess を用いることもできる。

suspect：「疑う」という意味の「思う」に用いる（会話例3）。

have in mind：何か提案を出されて、それについてどう思うのか詳しく聞く場合は、What do you have in mind? （どんな提案を考えているの？）を使う。ここで What are you thinking? を使うと「何考えてるの!?」というニュアンスになる（会話例4）。

会話例 ── 読んで、聴いて覚える英文法

1
A：会社は私に個人的には間違っていると思うことをやってもらいたがっているんだ。
B：自分が正しいと思うことをやるべきだわ。
A : The company wants me to do something I feel is wrong.
B : You should do what you *believe* is right.

2
A：加奈って、すごく若く見えるよね？
B：彼女、実際はいくつだと思う？
A : Kana looks very young, doesn't she?
B : *Guess* how old she actually is.

3
A：それはマサルがやったんじゃないかと思うんだ。
B：そうは思わないけど。
A : I *suspect* Masaru did it.
B : I don't think so.

4
A：今晩、出かけようよ。
B：何か案でもある？
A : Let's go out tonight.
B : *What do you have in mind*?

もう、これが言える！

次は練習問題にチャレンジ。スラスラ言えるようになるまで、くり返しやってみよう。

1. （一日中、子供のお守りをしていた人に）
   くたくたでしょう。

2. きっと彼女はここに戻ってくると思う。

3. 彼女は50歳くらいじゃないかと思うんだけど。

4. うちの夫、うそをついているんじゃないかと思うの。

5. （「いつか留学しようと思っている」と言う相手に）
   どの国へ行こうと思ってるの？

解答例

1. *You must be* exhausted[very tired].
2. She'll come back, I'*m sure*.
3. I would *guess* that she is around fifty.
4. I *suspect* that my husband told a lie.
5. *What* country *do you have in mind*?

CHAPTER 2

「30分後には赤ちゃんに会えますよ」
――「～後＝after」という図式には要注意――

問：下線部の英語、OK？　それともNG？

A：妻の様子はどうですか？
B：安産でしたよ。30分後には赤ちゃんに会えますよ。
A : How's my wife doing?
B : She had an easy delivery. You can see your baby <u>in</u> half an hour.

正解は ➜➜➜ **OK**

どうして OK なの？

日本語では起点の時制に関係なく、「〜後（に）」という語を用いることができるが、英語では異なるので注意。起点が現在で、「今から〜後に、今から〜たてば」という意味を表すとき、英語では通例 after ではなく in を用いる。問題文も、現在を起点として「〜後に」という意味なので、in を用いたこの文で OK。

正解訳
A：How's my wife doing?
B：She had an easy delivery. You can see your baby in half an hour.

もっと詳しくポイントチェック

右の会話例を見ながら、さらに理解を深めよう。
after：「〜後」という意味を表す場合は、原則的に、起点を過去あるいは未来のある時点に置き、前置詞には after を用いる（会話例①、②）。①は過去のある時点を、②は未来のある時点を起点にした例。ただし会話例①、②ともに A のせりふの after は「〜の後」という前置詞だが、B のせりふの after は「〜した後に」という接続詞。I saw her after four hours. という表現では起点があいまいになるため、実際の会話では B のせりふのように接続詞の形にして用いることが多い。
in：会話例③では「今から〜後」、つまり起点は話しているその時なので、after ではなく in を用いる。また「〜以内に」と言うときは通例 within を使うが、in で表すこともできる。その場合、in less than の形にすることが多い（会話例④）。

会話例——読んで、聴いて覚える英文法

1

A：コンサートのあと、すぐに愛に会ったの？
B：ホールのあと片づけがあったから、コンサートが終わった4時間後にね。

A : Did you see Ai right *after* the concert?
B : I had to clean up the auditorium, so I saw her four hours *after* it had finished.

2

A：コンサートのあと、すぐに愛に会うの？
B：ホールのあと片づけがあるから、コンサートが終わって4時間後になるな。

A : Will you see Ai right *after* the concert?
B : I have to clean up the auditorium, so I will see her four hours *after* it finishes.

3

A：これから外回りに出るの？
B：はい、3時間後に戻ります。

A : Are you going out on your rounds now?
B : Yes, I'll be back *in* three hours.

4

A：2時間以内にレポートを提出しなさい。
B：オニ！

A : I want that report *in less than* two hours.
B : You're a slave driver!

もう、これが言える！

次は練習問題にチャレンジ。スラスラ言えるようになるまで、くり返しやってみよう。

1. 彼が去ってから30分後に、メグはそこに着いた。

2. 彼が出発して30分たったら、私に電話して。

3. 昇は30分後にそこに着く予定だ。

4. この電車は5分後に出るよ。

5. 1時間以内に戻ってきなさい。

解答例

1. **Megu got there thirty minutes *after* he had left.**
2. **Please call me thirty minutes *after* he leaves.**
3. **Noboru will be there *in* thirty minutes.**
4. **This train will leave *in* five minutes.**
5. **Be back home *in less than* an hour.**

CHAPTER 3

「とうとう許してくれた」
―― 同じ「許す」にもいろいろなケースがある ――

問：下線部の英語、OK？ それともNG？

A：まだお父さんは留学に反対してるの？
B：とうとう許してくれたよ。
A：Does your dad still not want you to study abroad?
B：He has finally forgiven me to go.

正解は →→→ **NG**

どうしてNGなの？

日本語では「罰などから免除する」という場合も、「思うようにやらせる」という場合も、同じ「許す」という語を用いることから、英語でも動詞の使い分けに気が回らないことが多い。しかし英語では、「思うようにやらせる」という意味の場合、forgiveではなくallowを用いるので、注意しなければならない。

正解訳

A：Does your dad still not want you to study abroad?
B：He has finally allowed me to go.

もっと詳しくポイントチェック

右の会話例を見ながら、さらに理解を深めよう。

免除する：① forgiveは「失礼な行いなどをとがめない」こと。用法はforgive A（行い・人）、forgive A（人）for B（事）など（会話例1）。② excuseは「比較的軽い過ち・失礼などを許す」こと。用法はexcuse A（過失・人）、excuse A（人）for B（事）など（会話例2）。③ pardonは「過失を許す」こと。これを会話で用いるには少し硬いが、慣用表現(Pardon me for interrupting, ...「お邪魔して悪いけど……」など) では用いる。

思うようにやらせる：① allowは「人のすることを邪魔せずにやらせておく」という比較的消極的な許可。用法はallow A(人) to do（会話例3）。② permitは「正式に許しを与える」ということで、会話で用いるには少し硬い。③ letは「相手に自由に～させる」という意味で広く用いる。用法はlet A（人）do（会話例4）。問題文もletを用いてHe has finally decided to let me go. としてもOK（＊ He has finally let me go.とすると、「すでに行ってしまった」という意味になるので注意）。

13 会話例──読んで、聴いて覚える英文法

1

A：哲也は私のあのミスを許してくれるかしら。
B：もちろんだよ。心配するな。

A : I wonder if Tetsuya will *forgive* me *for* that mistake.
B : I'm sure he will. Don't worry.

2

A：30分の遅刻だよ。
B：そう怒らないでよ。あなたが遅刻するときはいつも許してあげてるでしょ。

A : You're 30 minutes late.
B : Don't be so mad. I always *excuse* you whenever you're late.

3

A：リサったらダンスのことしか頭になくて、大学進学のことは全然考えてないのよ。
B：あの子の思うようにやらせてもいいんじゃないかな。

A : Lisa thinks only of her dancing. She hasn't given a thought to going to college.
B : I think you should *allow* her *to* do what she wants.

4

A：ボスがカラーコピーを取るの、許してくれないんだ。
B：おかしいわね。麻紀子には取らせてたけど。

A : The boss says I can't make a color copy.
B : That's strange. He *let* Makiko make one.

Part 2 日本語につられていませんか？ 55

もう、これが言える！

次は練習問題にチャレンジ。スラスラ言えるようになるまで、くり返しやってみよう。

1. 今回だけは、あなたの子どもじみた振る舞いを許してあげるわ。

2. うっかり間違ったんだ、許して。

3. お邪魔して悪いけど、ちょっと時間をいただけますか？

4. 私は息子がオーストラリアに一人で行くのを許した。

5. ここにいさせて。

13 解答例

1. I'll *forgive* your childish behavior just this once.
2. *Excuse* me *for* my careless mistake.
3. *Pardon me for interrupting*, but would you give me a few minutes?
4. I *allowed* my son *to* go to Australia alone.
5. *Let* me stay here.

CHAPTER 4

「何か不都合なことはありませんか？」
―― 丁寧に聞いたつもりが逆効果 ――

問：下線部の英語、OK？　それともNG？

A：何か不都合なことはありませんか？
B：ええ。今のところ、大丈夫です。何かあったら、また連絡します。
A：<u>Don't you</u> have any problems?
B：No. I'm fine for now. I'll tell you if something comes up.

Part 2　日本語につられていませんか？　57

正解は ➔➔➔ **NG**

どうして NG なの？

日本語では相手の意向などをたずねるときに、相手への心配りから「～ではありませんか？」と遠回しなたずね方をする。しかし英語の Don't you ...? は「きっと～でしょう？」という話者の気持ちを込めた表現であり、丁寧さを表すものではないので注意。問題文のような場合、英語ではストレートに Do you ...? のような表現を用いるのが一般的。

正解訳

A：<u>Do you</u> have any problems?
B：No. I'm fine for now. I'll tell you if something comes up.

もっと詳しくポイントチェック

右の会話例を見ながら、さらに理解を深めよう。

「～ではありませんか？」：英語ではストレートに Do you ...?（～ですか）という表現を用いる（会話例①）。Don't you ...? という否定疑問文を使うのは、「～したくないの？」→「～したいでしょう？」というニュアンスを表したい場合（会話例②）。

「～できませんか？」：人に物を頼むときなど、日本語では「～してもらえませんか？」と聞くほうが、「～できる？」という直接的な表現より丁寧な印象を受けるが、英語では会話例③のように Can you ...? ／ Could you ...? のような言い方をする（Could you ...? のほうが、Can you ...? より丁寧）。Can't you ...? は会話例④のように、「～できないの？」→「～できるでしょう、できないなんておかしい」という場合に用いる。

会話例――読んで、聴いて覚える英文法

1

A：聡子がどこにいるか、知らない？
B：さっき、総務課で見かけたよ。
A : *Do you* know where Satoko is?
B : I saw her in General Affairs a little while ago.

2

A：もう家に送ってくれない？
B：でも、パーティーはまだ終わってないよ。アイスクリーム、食べたくないの？
A : Could you take me home now?
B : But the party's not over yet. *Don't you* want to have some ice cream?

3

A：この仕事やってもらえないかな？
B：明日でよければ、やるよ。
A : *Could you* do this job for me?
B : I'd be happy to if you can wait until tomorrow.

4

A：おふくろに電話して、この夏は帰れそうにないって言ってよ。
B：自分でそう言えないの？
A : Call my mom and tell her there's no way we can make it home this summer.
B : *Can't you* tell her yourself?

もう、これが言える！

次は練習問題にチャレンジ。スラスラ言えるようになるまで、くり返しやってみよう。

1. それについて何かいい考えはありませんか？

2. ここは禁煙だって、わかってるでしょう？

3. その問題について、説明してもらえないかな。

4. それはひとりでできるでしょうに。

5. 彼女は真実を知らないの？（「知っていると思っていた」という気持ちを込めて）

解答例

1. ***Do you*** have any good ideas about that?
2. ***Don't you*** know this is a no-smoking area?
3. ***Could you*** tell me about the problem?
4. ***Can't you*** do that by yourself?
5. ***Doesn't she*** know the truth?

CHAPTER 5

「もうこれからは君を悲しませたりしない」
―― ネガティブな内容をポジティブに表現する ――

問：下線部の英語、OK？　それともNG？

A：もうこれからは君を悲しませたりしない。約束するよ。
B：そのせりふ、前にも聞いたわ。
A：**I'll keep you smiling from now on. I promise.**
B：I've heard that before.

正解は →→→ **OK**

どうして OK なの？

日本語で一般に否定表現を用いる内容でも、英語では、否定的な語を用いないほうがよい場合がある。たとえば問題文の場合、英語としては、日本語をそのまま I won't make you sad. のように訳すよりも、明るい響きを持つ smile や happy などの語を用い、「君をずっとほほえませておく」という意味のポジティブな文章にしたほうが、自然で印象のよいものとなる。

正解訳
A : I'll keep you smiling from now on. I promise.
B : I've heard that before.

もっと詳しくポイントチェック

右の会話例を見ながら、さらに理解を深めよう。

ビジネスでの会話：特にビジネスなどではポジティブな表現は重要。会話例1の場合、日本語をそのまま It will not disappoint you. と訳しても間違いではないが、同じ意味をポジティブな方向から見た「ずっと満足させ続ける」という表現のほうが好ましい。

掲示文：会話例2の場合、「このドアからの進入禁止」をそのまま Don't enter through this door. とすると、「じゃあ、どうすればいい？」ということになるので「別のドアからお入りください」とすると、より親切。この理論は会話例3のように、会話にも応用することができる。

文の明確化：否定語 not の多用で文章を複雑にするのを防ぐために、肯定文を用いたほうがよい場合もある。会話例4の場合、I cannot stay in the company if the project does not succeed. とも言えるが、回りくどいので肯定形で明確に示すほうがよい。

15 会話例──読んで、聴いて覚える英文法

1
A：こんなにいろいろある食器洗い機。どれも同じに見える。
B：でも、こちらは違います。この製品はお客様をがっかりさせることはありません。

A : All these dishwashers. They all seem the same.
B : But this one is different. *It will keep you satisfied*.

2
A：このドアから教室に入れる？
B：だめよ。「このドアより進入禁止」って書いてある。

A : Can I enter the classroom through this door?
B : No. The sign says "*Use the other door*."

3
A：あっ、また間違えた（紙をまるめて床に投げ捨てる）。
B：そこにごみを捨てないでよね。

A : Oh, I made another mistake. (Wads up the sheet of paper and throws it onto the floor.)
B : *Use the wastebasket*.

4
A：もし、この企画が成功しなければ、私は会社に残るわけにはいかないわ。
B：君ひとりの責任じゃないよ。

A : *I'll probably have to leave the company* if this project fails.
B : It's not your responsibility alone.

もう、これが言える！

次は練習問題にチャレンジ。スラスラ言えるようになるまで、くり返しやってみよう。

1. 僕は約束を破ったりはしない。

2. ここは禁煙です。

3. (電車のドアの表示)
   ドアに指をはさまないように。

4. そのカップは使わないで。

5. もうこのポジションに居座るわけにはいかない。

解答例

1. **I'll** *keep my promise*.
2. *Thank you for not smoking*.
3. *Keep your fingers out of the door*.
4. *Use another cup*.
5. **I should** *give up my position* **now**.

CHAPTER 6

「英語力にはまだあまり自信がない」
―― 所有格の落とし穴に気をつけよう ――

問：下線部の英語、OK？ それとも NG？

A：君は1年間、合衆国にいたんだよね。英語はどう？
B：うーん、英語力にはまだあまり自信がないの。

A: You were in the States for a year. How's your English?
B: Well, I'm still not very confident about <u>English</u>.

Part 2 日本語につられていませんか？

正解は →→→ **NG**

どうしてNGなの？

英語と日本語とで感覚の違うもののひとつに所有格がある。たとえば問題文の「英語力」は「自分の英語の能力」という意味なので、所有格の my を用いて、my English としなければならない。単に English と言うと、「英語という言語に自信がない」という、変な文章になってしまう。

正解訳

A : You were in the States for a year. How's your English?
B : Well, I'm still not very confident about my English.

もっと詳しくポイントチェック

右の会話例を見ながら、さらに理解を深めよう。

所有格の有無の比較：日本語の場合、主語である「私」を省略することが多いが、英語ではふつう一人称でも主語は省略しない。同様に日本語では「私の」という所有格を省略することもあるが、英語では省略しない（会話例1）。

所有格の形に関する注意点：brother-in-law（義理の兄弟）などの場合、複数形は一般に brothers-in-law とするが、所有格は語尾に -s をつけた brother-in-law's となるので注意（会話例2）。また、somebody else などの形の場合、所有格にするときには somebody のほうではなく、形容詞である else のほうに -s をつけ、somebody else's という形にする（会話例3）。

所有格の後の名詞の省略：人の名前を用いた店の名や、サムの家などと言う場合、単に Sam's のような形で表し、後に続く restaurant、house、market、store などは省略することが多い（会話例4）。

16 会話例——読んで、聴いて覚える英文法

1
A:（写真を見ながら）これは母、そしてこれが父よ。
B:ご両親、お若いんだね。

A : (looking at a photograph) **This is *my mother*, and this is *my father*.**
B : **They're so young.**

2
A:すごい！　この一眼レフカメラ、君の？
B:ううん、義理の兄のよ。プロのカメラマンなの。

A : **Wow! Is this single-lens reflex camera yours?**
B : **No, it's my *brother-in-law's*. He's a professional photographer.**

3
A:このケーキ、僕の？
B:違う。私のよ。ほかのだれのものでもないわ。

A : **Is this piece of cake for me?**
B : **Nope. It's mine, and *nobody else's*.**

4
A:明日はどこに泊まるの？
B:テツのとこだよ。

A : **Where are you staying tomorrow?**
B : **At *Tetsu's*.**

もう、これが言える！

次は練習問題にチャレンジ。スラスラ言えるようになるまで、くり返しやってみよう。

1. 兄はその大学に通っている。

2. スペイン語にはちょっと自信がある。

3. その車は舅(しゅうと)のです。

4. それは彼のじゃないよ、だれかほかの人のだ。

5. じゃあ、ミサの家で会おう。

解答例

1. *My brother* goes to that university.
2. I have a bit of confidence in *my Spanish*.
3. The car is my *father-in-law's*.
4. It's not his, it's *someone else's*.
5. So, see you later at *Misa's*.

CHAPTER 7

「あなたの言っていることが理解できない」
―― can't を使っていいとき、悪いとき ――

問：下線部の英語、OK？　それともNG？

A：いいかい、潜熱(せんねつ)と顕熱(けんねつ)は……
B：ごめん、あなたの言っていることが理解できないんだけど。その言葉の意味を説明してくれる？
A：Now, latent heat and sensible heat can be seen ...
B：Excuse me, I can't understand what you're talking about. Could you explain those terms, please?

Part 2　日本語につられていませんか？

正解は →→→ **NG**

どうしてNGなの？

日本語の「～できない」は、英語ではcan'tで表すものだと思っている人も多いだろう。しかし必ずしもそうとは限らない。たとえば相手の発言内容を「単に理解できない」という場合にcan'tを用いると不自然になる。can'tは「ずっと努力しているが、どうしてもできない」という強い意味を持つからだ。この場合はdon'tを用い、「理解できない」ことを単なる事実として表す。

|正解訳|

A：Now, latent heat and sensible heat can be seen …
B：Excuse me, I don't understand what you're talking about. Could you explain those terms, please?

もっと詳しくポイントチェック

右の会話例を見ながら、さらに理解を深めよう。
「理解できない」の例：can'tは会話例①のような「努力しても～できない」と言う場合や、「私にはあなたを理解する能力がない」と言いたいときに用いる。相手の言うことがまったくわからない場合は、I have no idea what you're talking about.と言うこともできる。
「習得できない」の例：会話例②のような場合、can't learnとすると、「習得する能力がない」というニュアンスになってしまう可能性があるため、find it difficult to learnやhave difficulty learningのような表現をするほうがよい。
can'tを用いるケース：　会話例③のように、ずっと耐えてきたが、「もうこれ以上は我慢できない」というような気持ちを表現したい場合や、会話例④のように、相手に対して何かを「してはいけない」と強く禁止する場合などはcan'tを用いる。

17 会話例──読んで、聴いて覚える英文法

1

A：やれやれ、彼はなまりが強いな。
B：そう。一生懸命聞いても言ってることを理解できないの。

A : Boy, he's got a strong accent.
B : I know. No matter how hard I listen, I *can't* understand what he's saying.

2

A：日本語を勉強している外国人には、本当に飲み込みが早い人もいるね。
B：でも、なかなか習得できない人もいるよね。

A : Some foreigners who study Japanese really catch on fast.
B : And there are others who *find it difficult to learn*.

3

A：今月もまた、残業代がカットされるらしいよ。
B：もう我慢できない！

A : I heard they're going to cut our overtime pay again this month.
B : I *can't* take it any more!

4

A：明日の試験、全然勉強してない。カンペでも作るかな。
B：そんなこと、絶対だめだよ！

A : I haven't studied at all for tomorrow's test. I'd better start working on a cheat sheet.
B : You *can't* do that!

もう、これが言える！

次は練習問題にチャレンジ。スラスラ言えるようになるまで、くり返しやってみよう。

1. 彼女のスピーチのほとんどが理解できなかった。

2. あなたの言ってること、全然理解できない。

3. マチコはフランス語をなかなか習得できなかった。

4. タバコを吸いたいのを我慢できないよ！

5. 絶対、人に言っちゃだめ、わかった？

解答例

1. I *didn't* understand much of her speech.
2. *I have no idea what you're talking about.*
3. Machiko *had difficulty learning* French.
4. I *can't* suppress the urge to smoke!
5. You *can't* tell anyone, OK?

CHAPTER 8

「ほんとにびっくりした」
―――「びっくりした」は過去形？ 現在形？―――

問：下線部の英語、OK？ それとも NG？

A：(せーの！) 夏生、お誕生日おめでとう！
B：ああ、ほんとにびっくりした！ これぞまさにびっくりパーティーだね。
A：(**Here we go!**) **Happy Birthday, Natsuo!**
B：**Oh, I** <u>**am**</u> **really** <u>**surprised**</u>**! This truly is a surprise party.**

正解は ➡➡➡ **OK**

どうしてOKなの？

時制の表し方について、日本語と英語では異なる場合がある。日本語では過去形で表すが、英語では現在形を用いる例が問題文のような場合である。日本語では「びっくりした」と言うため、英語でもI was surprised ... のように過去形にしてしまいがちだが、「今もまだ驚いている」という状態には英語では現在形を用いる。

正解訳
A : (Here we go!) Happy Birthday, Natsuo!
B : Oh, I am really surprised! This truly is a surprise party.

もっと詳しくポイントチェック

右の会話例を見ながら、さらに理解を深めよう。

人が姿を現したとき：待っている人が姿を現したとき、日本語では「来た、来た」のように過去形で表現するが、実際には今現在その場に姿を現しているわけなので、英語では現在形を用いて表現する（会話例1）。

「出身」「習慣」「普遍的事実」を表す場合：「〜出身だ」とは「〜から来た」ということなので、過去形を用いると考える人もいるかもしれないが、これは「継続性のある事柄」を表すものなので、現在形をとる（会話例2）。また、ある人の習慣的動作や反復行為、あるいは普遍的真実なども現在形を用いる（会話例3）。

その他：会話例4のように、誓う内容が未来の場合、I'll swear. のように未来形にしてしまいがちだが、これでは「（いつか）誓います」ということになってしまう。「約束するよ」や「謝るよ」もI promise.、I apologize.と現在形で言う。

18 会話例——読んで、聴いて覚える英文法

1
A：桐子ったら遅すぎるわ。先に行っちゃおうよ。
B：あっ、来た、来た。
A : Kiriko's too late. Let's go without her.
B : Oh, here she *comes*.

2
A：春雄って、関西弁で話さないよね？
B：彼、京都に住んでるけど、出身は鹿児島なのよ。
A : Haruo doesn't speak with a Kansai accent, does he?
B : He lives in Kyoto, but he *comes* from Kagoshima.

3
A：海抜の高いところでは、水の沸点が低くなるって聞いたんだけど。
B：私も。山に登って本当かどうか確かめてみない？
A : I heard that water *boils* at lower temperatures at higher elevations.
B : Me too. Why don't we go climb a mountain and see if it's true?

4
A：ほかの女性と絶対浮気しないって約束する？
B：誓うよ。
A : You promise you'll never play around with other girls?
B : *I swear*.

もう、これが言える！

次は練習問題にチャレンジ。スラスラ言えるようになるまで、くり返しやってみよう。

1. 彼女は母親の賢さに驚いた。

2. （相手を驚かせて）
   驚いた？

3. あいつ、やっと来たぞ。

4. 彼女はどこの出身なの？

5. （「二度と隠し事をしないで」と言われ）
   約束するよ。

解答例

1. She *was surprised* at her mother's wisdom.
2. *Are you surprised*?
3. Here he *comes* at last.
4. Where *does she come* from?
5. *I promise*.

CHAPTER 9

「そんなこと、だれも知らないはずよ」
―――「何も〜ない」には any と not を用いるけれど……―――

問：下線部の英語、OK？ それとも NG？

A：芳樹がゲイバーで働いているって知っていた？
B：そんなこと、だれも知らないはずよ！
A：Did you know that Yoshiki is working at a gay bar?
B：<u>Anybody isn't</u> supposed to know that!

Part 2 日本語につられていませんか？

正解は ➡➡➡ **NG**

どうして NG なの？

日本語では一般に否定語を文章の最後のほうへ持ってくるのに対し、英語の場合、否定語はできるだけ文章の始めのほうに置くという基本的なルールがある。この語順の違いから、「どんな人［もの］でも～ない」という表現は anybody[anything] ... not と言ってしまいがち。しかし any ... で始まる語を否定語 not と併用する場合、語順は not ... any としなければならない。また、not ... any の代わりに nobody や nothing を用いることも多い。

正解訳

A：Did you know that Yoshiki is working at a gay bar?
B：Nobody is supposed to know that!

もっと詳しくポイントチェック

右の会話例を見ながら、さらに理解を深めよう。
not ... any を用いる方法：会話例①を参照。
nobody などを用いる方法：any- 自体を no- という否定語に置き換えて表現することもできる。例えば anything は nothing、anyone は no one という具合だ（会話例②）。
注意点：any ... を節や句で修飾する場合は、any ... not の語順で正しいので注意。会話例③では who 以下は anyone を修飾しているものなので、no one などは用いられない。
not 以外の否定語：hardly などのような否定の意味を含む副詞を any と組み合わせて用い、否定文を表す場合もある。この場合も語順は hardly any ... の形になる（会話例④）。

19 会話例——読んで、聴いて覚える英文法

1

A：仕事が終わるまで、ホテルに缶詰めにされてるってこと？

B：そう。月曜からだれにも会ってないの。

A : You mean you're confined to your hotel room until you finish your work?

B : Yes. I *haven't* met *anybody* since Monday.

2

A：あそこにあるあの箱を持ってきてくれるかしら？

B：でも、あの箱には何も入ってないよ。

A : Would you please bring me that box over there?

B : But there's *nothing* in it.

3

A：「同じ内容のメールをだれかほかの3人に送らない人には不幸なことが起こる」って書いてあるよ。

B：私はそういうことはまったく信じていないの。

A : It says, "*Anyone* who *doesn't* send an identical letter to three other people will have an unfortunate accident."

B : I never believe things like that.

4

A：僕は真奈美と一緒にいるとあまり笑うことがないんだ。

B：彼女、ユーモアのセンスがほとんどないからね。

A : I rarely laugh when I'm with Manami.

B : She has *hardly any* sense of humor.

もう、これが言える！

次は練習問題にチャレンジ。スラスラ言えるようになるまで、くり返しやってみよう。

1. この間の休暇はどこへも行かなかった。

2. だれもそのことで君を責めたりしないよ。

3. 明日は何もすることがない。

4. 親からの援助を受けていない学生は、だれでもこの仕事をすることができる。

5. ボスには僕たちのミスに対して、寛容の気持ちがほとんどないんだ。

解答例

1. I *didn't* go *anywhere* during this last vacation.
2. *Nobody* will blame you for that.
3. I have *nothing* to do tomorrow. / I *don't* have *anything* to do tomorrow.
4. *Any student* who *doesn't* get help from their parents is eligible for this job.
5. Our boss has *hardly any* tolerance for our mistakes.

CHAPTER 10

「マークシート方式だから、勘で埋めてみる」
―― カタカナ語が、英語か和製語かを見きわめる ――

問：下線部の英語、OK？　それとも NG？

A：試験の準備、全然できてないんでしょう？
B：マークシート方式だから、勘で埋めてみるよ。
A : You haven't studied at all for the test, have you?
B : It's a mark-sheet test, so I'll just go with my instincts.

Part 2　日本語につられていませんか？

正解は ➡➡➡ **NG**

どうしてNGなの？

いわゆる「和製英語」にはさまざまなものがあるが、ここでは複合語の和製英語について検証してみよう。たとえば「マークシート」。mark は形容詞ではないので、mark sheet とすることはできない。「マークした部分を機械が感知するシート」、machine-scored answer sheet という語もあるが、a multiple-choice test（選択問題）を「マークシート」の意味として用いることが多い。

正解訳

A：You haven't studied at all for the test, have you?
B：It's a multiple-choice test, so I'll just go with my instincts.

もっと詳しくポイントチェック

右の会話例を見ながら、さらに理解を深めよう。

フリーパス：free pass は文法的には「形容詞＋名詞」の形なのでもっともらしいが、これでは「無料の通行証」という意味になってしまう。種類によって、bus pass、train pass、あるいは単に pass などのように使い分ける必要がある（会話例1）。

ミスショット：これは「ミスされたショット」なので、missed shot とする（会話例2）。ただし英語では the shot I missed ... のように、動詞で表すほうが自然な場合もある。

アップ・ダウン：キャリアアップ、ベースアップ、イメージダウン、レベルダウンなど、アップ、ダウンを用いた和製英語も多い。これらは本来副詞である up や down を「上がる」「下がる」という意味で用いていることが多いため、英語では状況に応じた意味の動詞で表す場合が多い（会話例3、4）。

会話例──読んで、聴いて覚える英文法

1

A：君はチケット、買わないの？
B：私は3日間通しのフリーパスを持ってるのよ。

A : Aren't you gonna get a ticket?
B : I have *a three-day pass*.

2

A：あなたのさっきのラウンド、最低だったわね。
B：5番ホールでのミスショットが痛かったな。

A : That was a pathetic round of golf you just had.
B : That *missed shot* I had on the 5th hole killed me.

3

A：現状にただ甘んじるようになると、すぐに取り残されるぞ。
B：常にグレードアップをはかる気構えが必要ね。

A : If you start just going with the flow, you'll get left behind.
B : I guess we should always work to *better ourselves*.

4

A：今度のABC社のコマーシャル見た？
B：ああ。あれはかなり、社のイメージダウンにつながるんじゃないかな。

A : Did you see the latest ABC commercial?
B : I did. I think it's really going to *damage their image*.

もう、これが言える！

次は練習問題にチャレンジ。スラスラ言えるようになるまで、くり返しやってみよう。

1. (「どうして彼氏とドライブに行かないの？」と聞かれ)
   だって、彼はペーパードライバーなんだもの。

2. これ、フリーサイズって書いてあるよ。

3. (「例の件、どうなった？」と聞かれ)
   その件なら、吉田にバトンタッチしたよ。

4. そのソフトはバージョンアップしたほうがいいわね。

5. 生産コストの削減が、品質のレベルダウンにつながる可能性がある。

解答例

1. **'Cause he's *an inexperienced driver*.**
2. **It says *one size fits most*.**
3. **I *gave* it to Yoshida to deal with.**
4. **You should *upgrade* that software.**
5. **Cutting down on production costs can *reduce* the quality.**

Part 3

応用できていますか?

―― おなじみ単語、会話ではこう使う ――

CHAPTER 1

「それでいて、猫アレルギーなんだね」
―――― 逆接なのに and が使える？ ――――

問：下線部の英語、OK？ それともNG？

A：理子は獣医になるのが夢なの。
B：それでいて、猫アレルギーなんだね。
A：Riko wants to be a veterinarian.
B：<u>And</u>, wouldn't you know it, she's allergic to cats.

Part 3 応用できていますか？

正解は →→→ **OK**

どうして OK なの？

and は順接、but は逆接、と思っている人も多いだろう。しかしこの and を用いて、but や yet を用いるよりもうまく逆説的ニュアンスを出すことができるケースもある。問題文の場合、「獣医になりたい」と「猫アレルギー」という矛盾する事柄を述べているので、本来 and yet などを用いるべきだが、これを and だけでうまく表すことができることも知っておこう。

正解訳

A : Riko wants to be a veterinarian.
B : And, wouldn't you know it, she's allergic to cats.

もっと詳しくポイントチェック

右の会話例を見ながら、さらに理解を深めよう。

対照を示す and： 会話例1のように「対照的な内容」を導く場合、うまく前後を対照させるために、but でなく、あえて and を用いることもできる。

and yet の役割を果たす and：「それなのに、それでいながら」という and yet も and のみで表すことができる。会話例2では、and の前で述べた内容に対して「それでも」と述べたいわけだが、ここで and を強く発音して表現することで、この「それでも」というニュアンスをうまく表すことができる。会話例3でも「それなのに」というニュアンスを and で表現している。

相手の発言を引き継ぐ and： 会話では相手の発言をそのまま受けて、引き続き自分が話したいとき、"And ..." で始めることができる。会話例4では、相手の発言の補足説明の形で、「そう、しかも～」というニュアンスを出している。

会話例──読んで、聴いて覚える英文法

1

A：あの2人、双子とは思えないね。
B：そう。奈津はすごく外向的で、亜紀はとても内向的だ。

A : Those two hardly seem like twins.
B : I know. Natsu is so outgoing, *and* Aki, so introverted.

2

A：雇ってもらえなかったわ。面接が散々だったから。
B：でも、やってみて、それでだめだったんだ。やれることはやったんだろ?

A : I didn't get the job. The interview was a disaster.
B : Look, you tried *and* you failed. You did all you could, didn't you?

3

A：おなかペコペコだよ。
B：ピザの配達、すぐって言ったのに、もう1時間たった。

A : I'm starving.
B : The pizza place said our pizza would be here in no time *and*, it's already been an hour.

4

A：今日のサッカーの試合、彼の持久力はすごかったね。
B：しかも彼、昨夜はあまり寝てないのにね。

A : His endurance on the field today was super.
B : *And* he didn't even get a full-night's sleep last night.

もう、これが言える！

次は練習問題にチャレンジ。スラスラ言えるようになるまで、くり返しやってみよう。

1. （ダイエットをしているという友人に）
   それでいて今日、ケーキを2個食べちゃったんだね。

2. タケルは大胆だけど、繊細よね。

3. 一生懸命勉強したけど、それでも落第しちゃったんだろ。だから何だよ。

4. 今は土曜日の夜、なのに、僕は事務所で仕事してるんだ。

5. （「議員になるのは名誉なことだ」という人に）
   そう、しかも儲かるしね。

解答例 (CD TRACK 21)

1. *And*, today, you ate two pieces of cake.
2. Takeru is very bold *and* delicate.
3. You studied hard, *and* you failed the exam. So what?
4. It's Saturday evening, *and* here I am working at the office.
5. Yes, *and* it's profitable too.

CHAPTER 2

「その仕事、もうできたの？」
—— 疑問文なのに already を使える？——

問：下線部の英語、OK？ それとも NG？

A：その仕事、もうできちゃったの？
B：うん。今晩はデートだから猛スピードで片づけた。
A : Have you finished that job <u>already</u>?
B : Yeah. I have a date this evening, so I flew right through it.

正解は ➤➤➤ **OK**

どうして OK なの？

「まだ」、「すでに」あるいは「もう」などの意味を表す副詞の用法として、学校文法では一般に肯定文では already を、疑問文・否定文では yet を用いると学んだが、実際の会話では already を疑問文で用いることもある。疑問文で用いると、「こんなに早く、もう」という感じで、驚きや意外な気持ち、あるいは不審に思う気持ちなどを表すことができる。

正解訳

A : Have you finished that job already?
B : Yeah. I have a date this evening, so I flew right through it.

もっと詳しくポイントチェック

右の会話例を見ながら、さらに理解を深めよう。

yet との比較：問題文と会話例①の A の表現を比較してみよう。yet の場合は単に「もう、すでに」という時間的な意味合いを表すものであるに対し、already の場合は「えっ、もう？」という驚きのニュアンスを出す。またこの意味での yet が文末に置かれるのに対し、already は主語の後にも文末にも置ける。

肯定文での応用：already は基本的には肯定文で「すでに」という意味で用いられるが、会話例②のように「とっくに」というニュアンスを出したいときにも用いることができる。また会話例③のように「今でさえ、もうすでに〜なのに」という意味で用い、事態が今以上に悪化することに対して心配したり、非難したりする気持ちを表すこともできる。さらに as many as (〜ほど多数の) と同じような意味で、数量表現を修飾することもできる（会話例④）。

会話例──読んで、聴いて覚える英文法

1

A：仕事、もうすんだ？
B：うん。食事にでもどう？
A : Have you finished up *yet*?
B : Yeah. How about going to dinner together?

2

A：大学入試のシステムが変わるって話、聞いた？
B：そんなこと、とっくに知ってるよ。
A : Have you heard the university entrance examination system is going to change?
B : I *already* know that.

3

A：来月から残業代がつかないことになったよ。
B：そんな！　今でさえこんなに生活が苦しいのに。
A : They've decided to stop paying us for overtime starting next month.
B : That can't be! We're hardly scraping by on what we *already* make.

4

A：プッシュ、勝つと思う？
B：勝つよ。8割もの票が開票されていてトップなんだから。
A : Do you think Push will win?
B : Yeah. He's leading, and *already* 80 percent of the votes have been opened.

もう、これが言える！

次は練習問題にチャレンジ。スラスラ言えるようになるまで、くり返しやってみよう。

1. もう、掃除すんだ？

2. まさか、もう掃除がすんだって言うんじゃないでしょうね？

3. (「もう『ハリー・ポッター』の最新版読んだ？」と聞かれ)
   あの本？ もうとっくに読んだよ。

4. (「もっと仕事をたくさんこなせ」と言われ)
   今だってもう、こんなにハードなのに。

5. クラスの9割がそのうわさを知ってるよ。

解答例

1. **Have you finished cleaning up *yet*?**
2. **Have you finished cleaning up *already*?**
3. **That book? I've *already* read it.**
4. **I'm *already* working so hard now.**
5. ***Already* 90 percent of the students in our class know that rumor.**

CHAPTER 3

「私ならしないな」
―― 見抜こう、if のない仮定法表現 ――

問：下線部の英語、OK？ それとも NG？

A：守れないかもしれない約束でもするべきかな？
B：私ならしないな。
A：Should I make a promise I might not be able to keep?
B：I won't.

Part 3 応用できていますか？

正解は →→→ **NG**

どうしてNGなの？

仮定法を表す場合、特に会話では「言外にif節を含むけれど、実際にはwouldのみで表す」ことが多いので要注意。問題文では「私があなただったらしないだろう」と言いたいので、wouldの用法のひとつである仮定法を用い、If I were you, I wouldn't do so. とするが、会話では単に I wouldn't. と言うことが多い。ここで、I won't. と言うと、「(実際に) 自分はしない」という意味になってしまう。

正解訳

A : Should I make a promise I might not be able to keep?
B : I wouldn't.

もっと詳しくポイントチェック

右の会話例を見ながら、さらに理解を深めよう。

willの過去形：会話例①の表現を直接話法にすると、She told me, I will be busy that day. となるが、間接話法では時制の一致により、このwillが過去形のwouldになる。

過去における主語の強い意志：「どうしても〜しようとした」という意味で、肯定文でも用いられるが、否定形で用いられることが多い（会話例②）。

wouldのみで表す仮定法：会話例③はif節をつけるとA mother wouldn't hesitate to risk her life to save her children (even) if they were in danger. となるが、文脈から明らかであるため、wouldのみで表している。過去のことではなく仮定を表しているという点を見抜こう。

婉曲的用法：「〜ではないでしょうか」と自分の主張を和らげたい場合にもwouldを用いることができる（会話例④）。

23 会話例――読んで、聴いて覚える英文法

1
A：ミサトはパーティーに来られるのかな？
B：彼女、その日は忙しいって言ってたわ。
A：Do you know if Misato will come to the party?
B：She said she *would* be busy that day.

2
A：事故現場はまだ危険なんじゃないの？
B：裕二にはそう言ったけど、どうしても僕たちの忠告を聞こうとしなかったんだ。
A：Isn't the site of the accident still dangerous?
B：That's what we told Yuji, but he *wouldn't* take our advice.

3
A：人が自らの命を危険にさらすのはどんな状況だと思う？
B：母親だったら、子どもを救うためになら自分の命を危険にさらすのもためらわないだろうな。
A：Can you name some situations when people would risk their lives?
B：A mother *wouldn't* hesitate to risk her life to save her children.

4
A：それはフェアとは言えないんじゃないかなあ。
B：何とでも言えよ。今回は勝たなきゃならないんだ。
A：I don't think that *would* be fair.
B：I don't care what you say. I've gotta win this time.

もう、これが言える！

次は練習問題にチャレンジ。スラスラ言えるようになるまで、くり返しやってみよう。

1. ムツミは今週末、彼に会うって言ってたよ。

2. うちの息子は、どうしても赤いシャツを着ようとしなかった。

3. (「彼と結婚しようかどうか迷ってるの」と言う友人に)私ならするな。

4. (「いったい誰がそんなことをやるかしら？」と言われ)イサムだったらやると思うよ。

5. 彼はそのポジションには適していないんじゃないかしら。

解答例

1. Mutsumi said she *would* see him this weekend.
2. My son *wouldn't* wear a red shirt.
3. I *would*.
4. Isamu *would* do it.
5. I *would* say he isn't qualified for the position.

CHAPTER 4

「もし間違ってたらどうする？」
—— say は、if の意味でも使える！——

問：下線部の英語、OK？ それとも NG？

A：僕が正しい。以上。
B：もし間違ってたらどうするの？
A：I'm right, period.
B：<u>Say</u> you're wrong. What then?

正解は ➡➡➡ **OK**

どうしてOKなの？

sayと聞くと「言う」という意味が頭に浮かぶが、特に日常会話ではそれ以外の意味でもよくsayを用いることがある。たとえばSay (that) ... の形で、「仮に〜であるとしたら」という仮定の意味を表すことができる。問題文のsayはこの用法なので、この形で正しい。発話の際は、sayとyou'reのピッチを低くし、wrongのピッチを高く、強くする。

正解訳
A：I'm right, period.
B：Say you're wrong. What then?

もっと詳しくポイントチェック

右の会話例を見ながら、さらに理解を深めよう。

命令を表す：「(人に)〜するよう命じる」と言うとき、動詞にはorderやtellを用いるが、特に口語ではこの意味でsayを用いることが多い。tellを用いる場合、tell A to do (Aに〜するよう命じる)のAのように必ず目的語を入れるが、sayの場合はsay (for A) to doの形になり、for Aは省略可能(会話例1)。

物を主語にした用法：特に口語では、主語を書物やテレビ、掲示などにして、「…によると〜、…には〜と書いてある」という意味でsayを用いることも多い(会話例2)。この応用で、時計などを主語にして「〜時を示している」という意味を表すときにもsayを用いることができる(会話例3)。

その他：考えながら何かを提案するときに「そうだな、じゃあ、たとえば」という意味で用いる(会話例4)。また、数詞とともに用いて「およそ、約」という意味で用いることもできる。

24 会話例——読んで、聴いて覚える英文法

1

A：どうしてこんなところにいるの？
B：君が来るように言ったんじゃないか。

A : Why are you here?
B : Because you *said to* come.

2

A：そんなことありえない！
B：だって新聞にそう書いてあるんだもん。

A : That's impossible!
B : But that's what the newspapers *say*.

3

A：もう8時！　遅刻よ。
B：えーっ!?　僕の腕時計じゃ、7時だよ！

A : It's already eight! We're going to be late.
B : What?! My watch *says* seven!

4

A：待ち合わせ、何時にする？
B：じゃあ、7時半はどう？

A : What time should we get together?
B : How about, *say*, 7 : 30?

もう、これが言える！

次は練習問題にチャレンジ。スラスラ言えるようになるまで、くり返しやってみよう。

1. もし彼が正しかったら、どうするの？

2. 父が私にすぐ帰ってくるようにって。

3. この看板に「4個買えば1個おまけ」って書いてあるよ。

4. (「今何時？」と聞かれ)
   この時計では8時半だね。

5. (「今日は何時に帰れるの？」と聞かれ)
   帰れるのは9時ぐらいだね。

解答例

1. *Say* he's right, then what would you do?
2. My father *said for* me *to* come home right now.
3. This sign *says* : Buy four, get one for free.
4. This clock *says* eight thirty.
5. I'll be home at, *say*, nine o'clock.

CHAPTER 5

「よくもそんなことを私に言えるわね！」
―― dare で表すいろいろな表現 ――

問：下線部の英語、OK？　それとも NG？

A：さて、ジル、君は金の杯がなくなった日に、ここにいたよね？
B：よくもそんなことを私に言えるわね！

A : **Now, Jill, weren't you here the day the gold goblet disappeared?**
B : <u>**How dare to speak**</u> **to me in that way!**

正解は →→→ **NG**

どうしてNGなの？

dareには一般動詞および助動詞としての用法がある。現在、一般動詞としての用法が主流となっているが、慣用的な言い回しでは助動詞としての用法も存在する。たとえば How dare you do ...?（よくも～できるね）という言い回しなどがこれに当たる。一般動詞のto不定詞を伴う形につられて dare to の形にしがちだが、助動詞 dare の場合は、後に動詞の原形を置く。

正解訳

A : Now, Jill, weren't you here the day the gold goblet disappeared?
B : How dare you speak to me in that way!

もっと詳しくポイントチェック

右の会話例を見ながら、さらに理解を深めよう。

他動詞 dare：他動詞の場合、to不定詞を伴う形で通例、肯定文で用いられ、おもに「あえて～する、思い切って～する」あるいは「図々しくも～する」という意味で使われることが多い。また dare ... to do の形で「…に～するようにけしかける、挑む」という意味で用いることもある（会話例①）。ただし助動詞と動詞の中間的な用法として、to不定詞を伴わない場合もある。また過去時制では否定文で用いられることが多い（会話例②）。

自動詞 dare：自動詞の場合は「大胆にやる」の意味で用いられる。自動詞なので to 不定詞は続かない（会話例③）。

助動詞 dare：助動詞としての慣用表現には、問題文のほかにもおもにイギリス英語で用いられる I dare say ...（たぶん～でしょう）などがある（会話例④）。

会話例 —— 読んで、聴いて覚える英文法

1
A：どうして雅哉とけんかなんかしたの？
B：あいつがけしかけてきたからだよ。
A : Why did you fight with Masaya?
B : 'Cause he *dared* me *to* fight.

2
A：その2メートルの高さの塀の上から飛び降りる勇気がなかった。
B：やらなくてよかったよ。
A : I *didn't dare* jump down from the 2-meter-high fence.
B : It's good that you didn't.

3
A：よし。その問題については僕が上司に言っておくよ。
B：あなたにそんなことできっこないわ！
A : OK. I'll tell the boss about the problem.
B : You wouldn't *dare*!

4
A：広樹って、実はすごいプレイボーイなんだってよ。
B：たぶん、それ本当じゃないと思いますよ。
A : They say that Hiroki is actually a major playboy.
B : *I dare say* that's not true.

もう、これが言える！

次は練習問題にチャレンジ。スラスラ言えるようになるまで、くり返しやってみよう。

1. よくもそんなことができるものだね。

2. それについては、ボスにあえて進言する勇気がなかった。

3. 隆夫がそれをやろうってけしかけたのね。

4. (「マイにそんなことできるかしら？」と言う友人に)
   彼女ならやらないね。

5. たぶん、エリは本気じゃないわね。

解答例

1. *How dare you do* such a thing?
2. I *didn't dare* give advice to the boss on that matter.
3. I know Takao *dared* you *to* do that.
4. She wouldn't *dare*.
5. *I dare say*, Eri isn't serious.

CHAPTER 6

「それで、実際にはいつ始めればいい？」
—— be supposed to do をちゃんとわかってる？——

問：下線部の英語、OK？ それとも NG？

A：よし、これで計画は決まりね。
B：それで、実際にはいつ始めればいいかな？
A : OK. The plan is finalized.
B : So when <u>am</u> I actually <u>supposed to</u> start?

正解は ➔➔➔ **OK**

どうして OK なの？

be supposed to do という表現は、いろいろなニュアンスを和らげて表すことのできる便利な言い回しで、会話でもよく用いられるが、用い方がよくわからない、という人も多いのではないだろうか。たとえば用法のひとつに「(人が)〜することになっている」という「期待・要求」を表す表現を口語らしくするというものがある。問題文はこれを疑問文にしたもの。

正解訳

A：OK. The plan is finalized.
B：So when <u>am</u> I actually <u>supposed to</u> start?

もっと詳しくポイントチェック

右の会話例を見ながら、さらに理解を深めよう。

元来の用法：be supposed to do はもともと suppose (〜と思う)の受動態で、「〜すると考えられる」という意味。

期待・要求：この言い回しには硬い表現を少し和らげ、口語的にする効果がある。問題文のような「期待・要求」を表す be supposed to do を過去形で用いると、「事が要求どおりに運ばなかったことを暗示する表現」になる(会話例1)。

義務：会話例2のように「義務」を表すこともできる。

命令：「義務」の用法を2人称・現在形 You're supposed to do. の形で用いると、「あなたが〜をすることになっている」という軽い感じの命令になる(会話例3)。さらにこれを否定形 You're not supposed to do. で用いると、相手に何かを禁止する際のえん曲表現となる(会話例4)。

会話例 — 読んで、聴いて覚える英文法

1

A：そんな話、聞いてないわ！

B：それについては、青木が君に電話することになってたんだけど。

A : I never heard that!

B : Aoki *was supposed to* call you about it.

2

A：今は6歳未満の子が車に乗るときは、チャイルドシートが義務づけられてるんだよ。

B：いいことじゃない。安全第一だもの。

A : Every child under six riding in a car *is supposed to* be seated in a child seat now.

B : That's good. Safety has to come first.

3

A：この書類の整理はだれがやるの？

B：君がやることになってるんだけど。

A : Who will sort these papers?

B : You*'re supposed to* do that.

4

A：灰皿いただけますか。

B：すみませんが、ここは禁煙なんです。

A : May I have an ashtray?

B : I'm sorry, but you*'re not supposed to* smoke here.

もう、これが言える！

次は練習問題にチャレンジ。スラスラ言えるようになるまで、くり返しやってみよう。

1. 彼はうちの学校でいちばん運動神経がいいとされている。

2. それで、そのプロジェクトに関しては、私は何をやればいい？

3. それはミキオが手配しておくことになってたんだけど。

4. 君は7時までにそこに行くことになってるよ。

5. すみませんが、ここでは飲食できないことになっています。

解答例

1. **He's *supposed to* be the best athlete in our school.**
2. **So, concerning the project, what *am I supposed to* do?**
3. **Mikio *was supposed to* have arranged that.**
4. **You*'re supposed to* be there by seven.**
5. **I'm sorry, but you*'re not supposed to* eat or [nor] drink here.**

CHAPTER 7

「今年もまたやるわけにはいかない」
―――「〜もまた」は「too は肯定、either は否定」が原則だけど……―――

問：下線部の英語、OK？　それとも NG？

A：今年の仮装パーティー、妖精にしたら？　君にピッタリだよ。
B：それは去年やったの。今年もまたやるわけにはいかないわ。
A：**Why don't you go to this year's costume party as a fairy? You'd look great.**
B：**I was one last year. I can't be one this year either.**

正解は ➡➡➡ **NG**

どうして NG なの？

「〜もまた」と言う場合、「肯定文のときは too、否定文・疑問文のときは either を用いる」と学んだ。しかし否定文中で too が用いられる場合もある。たとえば問題文のケースで not ... either を用いると、「去年もやれなかったが、今年もできない」という意味になってしまう。「今年もまた去年と同じものをやるわけにはいかない」と言いたいときは、否定文であっても、「〜もまた」にあたる部分は too にしなければならない。

正解訳

A : Why don't you go to this year's costume party as a fairy? You'd look great.
B : I was one last year. I can't be one this year too.

もっと詳しくポイントチェック

右の会話例を見ながら、さらに理解を深めよう。

基本形：肯定文を受けるときは too、否定文・疑問文を受けるときは either を用いる（会話例 1、2）。ポイントは、either はある事柄を否定する文が先にあり、それを受けて「〜もまた…ない」と言うときに使われるという点。ただし会話例 2 では neither を用いることも多い。

too を not の前に置くとき：「〜もまた…ない」と言うとき、not の前に「〜もまた」を表す語を置くこともあるが、この場合は either ではなく、会話例 3 のように too を用いる。ただ、too を用いると、口語としては少し硬い感じになるので、Neither do I. や I also don't like to read books. などの表現を用いることも多い。

勧誘：Why don't you ...? や Won't you ...? など勧誘を表す否定疑問文の場合は「〜もまた」の部分は too を用いる（会話例 4）。

27 会話例——読んで、聴いて覚える英文法

1

A：僕はカニが大好きなんだ。

B：私もよ。

A : I love crab.

B : Me, *too*.

2

A：私は水泳が嫌いなの。

B：僕もだよ。

A : I don't like to swim.

B : Me, *either*.

3

A：僕、読書が嫌いなんだ。

B：私も読書は嫌いよ。

A : I don't like reading books.

B : I, *too*, don't like to read books.

4

A：明日、あなたのところに本当にマサルが遊びに行くの？

B：そうだよ。君もおいでよ。

A : Is Masaru really going to your place tomorrow?

B : Yeah. *Why don't you* come *too*?

もう、これが言える！

次は練習問題にチャレンジ。スラスラ言えるようになるまで、くり返しやってみよう。

1. (「僕は夏休みはハワイに行くんだ」と言われ)
   私もよ。

2. (「僕は夏休みはどこにも行かないよ」と言われ)
   私もよ。

3. それは先週の授業でやったから、今週もやるわけにはいかないんだ。

4. 先週の授業でそれはやらなかったけど、今週もできないんだ。

5. 君も僕たちと一緒にそこに行こうよ。

解答例

1. **Me, *too*.**
2. **Me, *either*.**
3. **We did that in last week's class, so we can't do it this week *too*.**
4. **We didn't do that in last week's class, but we can't do it this week *either*.**
5. ***Why don't you* go there with us *too*?**

CHAPTER 8

「彼氏も連れてくればよかったのに」
——— いろんな応用がきく「should have＋過去分詞」———

問：下線部の英語、OK？　それともNG？

A：うわあ、こんなにたくさんの星、見たことないわ。
B：彼氏も連れてくればよかったのに。
A：Wow, I've never seen this many stars in the sky.
B：You should have brought your boyfriend.

正解は ➔➔➔ **OK**

どうしてOKなの？

助動詞 should は、実際の会話では「〜すべき」というより、「〜したほうがいいよ」という柔らかなアドバイス的表現として用いられることも多い。そのため「should have＋過去分詞」の形にした場合も、「〜していたらよかったのにね」という感じのニュアンスで用いることもできるのでぜひ覚えておこう。問題文はこの意味で用いた「should have＋過去分詞」の例である。

正解訳

A: Wow, I've never seen this many stars in the sky.
B: You should have brought your boyfriend.

もっと詳しくポイントチェック

右の会話例を見ながら、さらに理解を深めよう。

義務：「〜すべき」という義務を表す should を用いた「should have＋過去分詞」の表現では、「〜すべきだったのに」という非難の気持ちや、「〜しておけばよかった」という後悔の気持ちを表すことができる（会話例①）。また、これを否定形にすると「〜すべきではなかったのに」、「〜しなくてもよかったのに」という意味になる（会話例②）。

推量・期待：推量や期待を表す「〜のはずだ」という意味で用いる should を「should have＋過去分詞」の形にすると「〜のはずだったのに」という意味になる（会話例③）。

義務の完了：単なる義務の完了を表して、「〜していなければならない」という文脈で「should have＋過去分詞」の形を用いることもある（会話例④）。

会話例——読んで、聴いて覚える英文法

1

A：藤木教授の話は、本当にためになったわ。
B：僕も行っておくべきだったなあ。

A : Professor Fujiki's speech was really worth my while.
B : I *should have gone* too.

2

A：幸弘のせいで、パーティーがめちゃくちゃになったよ。
B：彼を呼ぶんじゃなかったね。

A : Yukihiro ruined the party.
B : We *shouldn't have invited* him.

3

A：またヒロシがレースに勝ったね。
B：僕が勝つはずだったのに。やつに足を引っかけられたんだ！

A : Hiroshi won another race.
B : I *should have been* the winner. He tripped me!

4

A：上級コースの応募条件は何ですか。
B：基礎コースを終了していなくてはなりません。

A : What are the prerequisites for enrolling in the advanced course?
B : You *should have finished* the basic course.

もう、これが言える！

次は練習問題にチャレンジ。スラスラ言えるようになるまで、くり返しやってみよう。

1. あなたもパーティーに来られたらよかったのにね。

2. 学生のときに、もっと勉強しておくんだったなあ。

3. 昨日の夜、飲みすぎるんじゃなかった。

4. 私が彼と結婚するはずだったのに！

5. (「その試験を受けるには何が必要ですか?」と聞かれ)
   2年の実務経験が必要です。

解答例

1. **You *should have come*** to the party too.
2. **I *should have studied*** harder when I was a student.
3. **I *shouldn't have drunk*** so much last night.
4. **I *should have been the one to marry*** him!
5. **You *should have had*** two years' business experience.

CHAPTER 9

「うんざりだよ」
―― it にはこんな使い方もある!――

問:下線部の英語、OK? それとも NG?

A:このところ、テレビではこういう政治CMばかりやってるわね。
B:うんざりだよ。もう見たくない。
A:**Political ads like this are all you see on TV these days.**
B:**I've had them. I don't want to see another one.**

正解は →→→ **NG**

どうしてNGなの？

日常会話では「漠然とした状況」を表す場合に it を用いることも多い。問題文では「政治CM（political ads）」を受けた them が正しいと思う人もいるかもしれない。しかしこの場合、「うんざりだ」という意味を表すイディオム、have had it を用い、I've had it. とするのが適切。この it は全体の状況を表すもので、ここではAの述べる「状況」を指す代名詞となっている。

正解訳

A : Political ads like this are all you see on TV these days.
B : I've had it. I don't want to see another one.

もっと詳しくポイントチェック

How's it going?：この it も「諸事情、あなたの周りの状況」を指すもので、「元気にやってる？」という意味になる（会話例①）。

take it easy：「のんびりやる」という意味で、具体的な状況を指す場合もあるが、特に「何を」ということがなくても、軽いあいさつとして用いられることも多い（会話例②）。

make it：「成功する；間に合う」などの意味で用いられるイディオム（会話例③）。Make it!「やった！」のように単独で用いることもできる。

when it comes to ...：この it も漠然とした状況を表すもの。「〜のこととなると」という意味（会話例④）。

29 会話例──読んで、聴いて覚える英文法

1

A：やあ、洋子。元気にしてる？　久しぶりだね。
B：うまくやってるわ、次郎。私が先月結婚したって知ってた？

A : Hey, Yoko. *How's it going*? I haven't seen you in a while.
B : Everything's going great, Jiro. Did you know I got married last month?

2

A：サトシに会ったら、仕事はほどほどにしてねって伝えてね。
B：わかったよ。

A : Tell Satoshi to *take it easy* when you see him.
B : I'll do that.

3

A：昨日の夜のショーは見に行けたの？
B：ううん。夜遅くまで仕事しなくちゃならなくて。でも理奈にチケットをあげたよ。

A : Did you *make it* to the show last night?
B : No. I had to work late. But I gave my tickets to Rina.

4

A：じゃあ、あなた、機械は苦手なの？
B：うん、特にコンピューターのこととなるとね。

A : So, you're not good with machines, huh?
B : No, especially *when it comes to* computers.

Part 3 応用できていますか？

もう、これが言える！

次は練習問題にチャレンジ。スラスラ言えるようになるまで、くり返しやってみよう。

1. （残業の日々に嫌気がさして）
   もうやってられるか！

2. ご家族はお元気ですか？

3. （カッカしている妻に）
   まあ、落ち着いて。

4. あなたは歌手として成功するわ。

5. 理香は映画のこととなると、何でも知っているね。

解答例

1. **I've had it!**
2. **How's it going** with your family?
3. **Take it easy**, honey.
4. You'll **make it** as a singer.
5. Rika knows everything **when it comes to** films./
   When it comes to films, Rika knows everything.

CHAPTER 10

「いい加減にして」
——pleaseは「どうぞ」だけだと思い込んでいませんか？——

問：下線部の英語、OK？　それともNG？

A：頼む、よりを戻してくれ。何でもするから。
B：いい加減にして。あなたとは口も聞きたくないの。
A：I beg you. Come back to me. I'll do anything for you.
B：Please. I don't even want to talk to you.

正解は ➜➜➜ **OK**

どうして OK なの？

please という言葉は、相手に対する依頼に丁寧さをプラスする語であると思っている読者もいるかもしれないが、言い方によっては必ずしもそうではない。たとえば、しつこい相手などに対し、「ちょっと、いい加減にしてよね」と言いたい場合には、please を間投詞的に単独で用いるのがピッタリ。

正解訳

A：I beg you. Come back to me. I'll do anything for you.
B：Please. I don't even want to talk to you.

もっと詳しくポイントチェック

右の会話例を見ながら、さらに理解を深めよう。

丁寧さを加える：会話例[1]の Would you please ...? のような表現では、please を加えることによって丁寧さが増す。

注意点：状況・イントネーション・表情などにもよるが、用い方によっては逆に相手に物事を強要するようなニュアンスが加わることがある。たとえば会話例[2]のように、命令形に please をつけると、「とにかくやって！」というような、相手にぴしゃりと言いつけるニュアンスを持たせることもできる。

応用：相手をしつこいと感じ、それから逃れたい、という気持ちを表したいときに please を用いることもできる（会話例[3]）。また相手に甘えて物をねだるような場合にも please が使える（会話例[4]）。少し子どもっぽい言い方になるが、[plíːz] の [iː] の部分を長く伸ばすことで、頼んだり甘えたりする気持ちの強さを表すこともできる。

会話例──読んで、聴いて覚える英文法

1

A：寒いの？

B：ええ。冷房を消していただけませんか。

A : Are you cold?

B : Yes. *Would you please* turn off the air conditioner?

2

A：こんな退屈な仕事をする気分じゃ全然ないんだよ。

B：とにかく、やってちょうだい！

A : I just don't feel like doing a boring job like this.

B : Just do it, *please*!

3

A：そう落ち込まないで。ね、こっちで一緒に夕飯でも食べようよ。

B：頼むから、ほっといてくれ。

A : Don't be so blue. Come over and have dinner with me.

B : *Please* leave me alone.

4

A：だめだ！それを戻しなさい。先週、ゲームソフトを買ってあげたばかりじゃないか。

B：パパ、お願い！

A : No! Put that back. I just bought you a game last week.

B : *Please*, Dad!

もう、これが言える！

次は練習問題にチャレンジ。スラスラ言えるようになるまで、くり返しやってみよう。

1. すみませんが、席をつめていただけませんか？

2. （ちょっかいを出す相手に）
   ちょっと、やめてよ。

3. とにかく、起きて！

4. お願いだから、手を放して。

5. （母親にTVゲームを禁じられて）
   お願い、ママ。ちょっとだけ。

解答例

1. **Excuse me. *Would you please* move over a little bit?**
2. ***Please*!**
3. **Just get up, *please*!**
4. ***Please* let go of me.**
5. ***Please*, Mom. Just for a while.**

Part 4

勘違いしていませんか？

—— 何気なく使っているその英語、大丈夫？ ——

CHAPTER 1

「いつでも君の都合のいいときでいいよ」
―― 「人」を主語にできない形容詞に要注意! ――

問:下線部の英語、OK? それとも NG?

A:英語のレッスン、いつやってくれる?
B:いつでも君の都合のいいときでいいわよ。
A: When can you give me an English lesson?
B: Any time <u>you are convenient</u>.

正解は ➔➔➔ **NG**

どうしてNGなの？

「人」を主語にできそうに思えても、そうはできない形容詞がある。たとえばconvenientの場合、基本的に「物・時・場所などが（人にとって）都合がいい」という意味なので、主語はitや物・時などになる。「人にとって」の部分は「for＋人」で表す。

正解訳

A: When can you give me an English lesson?
B: Any time that is convenient for you.

もっと詳しくポイントチェック

右の会話例を見ながら、さらに理解を深めよう。

両方主語にできる形容詞：形容詞には「人」も「物・事」も両方主語にできるものがある。たとえば会話例1、2に用いられているniceという形容詞は、「人」「物・事」のどちらを主語にしてもよい。

「人」を主語にしたいとき：convenientなどを用いた文章で、主語を「人」にしたい場合は会話例3のような形にする（主節の主語はtime）。ただし口語ではOn whatever day suits you. などの表現もよく使われる。

その他「人」を主語にできない形容詞：necessaryやessentialなども「人」を主語にできない形容詞である。It's necessary for ... という文では、for以下には「人」以外にも「物・事」などを置くこともできる（会話例4）。ただし、この会話例4の表現は会話としては少し硬いので、You have[need] to exercise to stay healthy. のように人を主語にするほうが口語的。

1

A：昨日の夜は無事に家に帰れた？
B：歩いて帰らなきゃいけないと思ったけど、タケルが親切にも車で送ってくれたの。

A : **Did you make it home all right last night?**
B : **I thought I'd have to walk, but *Takeru was nice* enough to offer me a ride.**

2

A：息子にどんな本を読んであげたらいいかしら？
B：この本なんか、彼にちょうどいいんじゃないかな。

A : **What kind of books should I read to my son?**
B : ***This book would be nice for him.***

3

A：この仕事、いつやればいい？
B：いつでもあなたの都合のいいときでいいわ。

A : **When should I do this job?**
B : **Any time *you find it convenient*.**

4

A：運動なんか大嫌い。
B：でも運動は健康に欠かせないものなんだよ。

A : **I hate to exercise.**
B : **But *exercising is necessary for your health*.**

もう、これが言える！

次は練習問題にチャレンジ。スラスラ言えるようになるまで、くり返しやってみよう。

1. ハナは親切にもブーケを作ってくれた。(nice を用いて)

2. このドレスはリサにちょうどいいんじゃないかな。(nice を用いて)

3. 彼女の都合のいい日に来るように伝えて。

4. 彼には休養が必要だ。
   a. It を主語にして
   b. He を主語にして

解答例

1. *Hana was nice* enough to make me a bouquet.
2. *This dress would be nice for Risa*.
3. Tell her to come any day *she finds convenient*.
4. a. *It is necessary for him* to get some rest.
   b. *He needs to* get some rest.

CHAPTER 2

「アメリカでは18歳以上なんだ」
—— over 18 は「18以上」ではない！——

問：下線部の英語、OK？　それともNG？

A：投票できる年齢って、国によってさまざまなんじゃなかったっけ？
B：そう、アメリカでは18歳以上なんだ。

A：Doesn't the voting age vary from country to country?
B：Yeah, in America, people <u>over 18</u> can vote.

Part 4　勘違いしていませんか？

正解は ➔➔➔ *NG*

どうしてNGなの？

英語では「〜より多く」という意味を表す場合、おもに more than、over などの語句を用いる。これらの語句を使う際に注意すべき点は、いずれもその後にくる数量を含まないということ。厳密な数値を伝達する必要がある場合には要注意。その数自体も含む「〜以上」という意味は「... and over」などの表現で表すとよい。

正解訳

A：Doesn't the voting age vary from country to country?

B：Yeah, in America, people 18 and over can vote.

もっと詳しくポイントチェック

右の会話例を見ながら、さらに理解を深めよう。

more than や over でも問題ない場合：「30分（half an hour）以上待っている」のように、およその数値に言及する文脈の場合はとりたてて会話に支障をきたすことはない（会話例1）。

注意を要する場合：「40歳以上」という表現で、満40歳の人を含めたい場合は要注意。over 40、あるいは older than 40 とすると、41歳からという意味になってしまうので、over 39、あるいは older than 39 というふうに、数値自体を変えるという方法もある。しかし数値を変えたくない場合は、not younger than 40 あるいは 40 or more、40 and over のような表現を用いる（会話例2）。

「〜未満」「〜以下」の表現：「〜未満」には under あるいは less than という表現を用いる（会話例3）。「〜以下」というその数値を含めた表現を用いたい場合は、「〜以上」の場合と同様、... and under や ... or less などの表現を用いる（会話例4）。

会話例 — 読んで、聴いて覚える英文法

1

A：光司はまだ来てないってこと？
B：彼のこと、30分以上待ってるんだけどね。

A : **Do you mean Koji hasn't come yet?**
B : **I've been waiting for him for *more than half an hour*.**

2

A：その健康診断を受けるには、どんな資格が必要なの？
B：40歳以上の人ならだれでも受けられるわ。

A : **Who is eligible for that medical checkup?**
B : **Anyone *40 and over* is.**

3

A：お父さんと一緒にその映画に行くの？　なんで？
B：その映画、18歳未満は保護者同伴じゃなきゃ見られないんだ。

A : **You're going to that movie with your father? Why?**
B : **No one *under 18* is allowed to see that movie without a parent or guardian.**

4

A：3歳以下のお子さまは、運賃が無料です。
B：3歳以下の子を3人以上連れて行っても無料なの？

A : **Children *three and under* ride free.**
B : **If I take *more than two* children *three and under*, do they all ride free?**

もう、これが言える！

次は練習問題にチャレンジ。スラスラ言えるようになるまで、くり返しやってみよう。

1. およそ100人以上の人が集会に集まった。

2. 荷物が20キログラムを超える場合、超過料金が必要です。

3. 65歳以上の人は老齢年金をもらえる。

4. そのチームは19歳未満の選手でできている。

5. 6歳以下のお子様は旅行代金は半額です。

解答例

1. ***More than 100*** **people gathered at the meeting.**
2. **You have to pay extra for any baggage *over 20 kilograms*.**
3. **People *65 and over* get an old-age pension.**
4. **The team is composed of players aged *under 19*.**
5. **Children *six and under* travel at half fare.**

CHAPTER 3

「結局、後悔することになるよ」
——— 身近に使える only にもこんな落とし穴が ———

問：下線部の英語、OK？ それとも NG？

A：あいつ、絶対に痛い目にあわせてやる！
B：そんなことしたら、結局、後悔することになるわよ。
A：I'm gonna teach him a lesson he won't forget.
B：You'll <u>only regret</u> it if you do.

正解は ➡➡➡ **OK**

どうしてOKなの？

英語のセンテンスにおける副詞・形容詞の位置について考えてみよう。たとえばonlyの位置は比較的自由であるが、基本的には修飾される語句の直前か直後に置く。副詞として動詞を修飾するときは、一般動詞ならその直前、助動詞・be動詞ならその直後に置くことが多い。問題文では本動詞regretを修飾したいわけなので、onlyの位置はここで正しい。ここでのonlyは「ただ～する」→「結局は～することになる」という意味。この用法は便利なのでぜひ覚えておこう。

正解訳

A：I'm gonna teach him a lesson he won't forget.
B：You'll only regret it if you do.

もっと詳しくポイントチェック

右の会話例を見ながら、さらに理解を深めよう。

比較してみよう：onlyの位置により、センテンスの意味が変わる例を見てみよう。会話例 1 ～ 4 のAのせりふは、I saw Moe an hour ago.(僕は1時間前に萌に会った) というベースとなるセンテンスに、onlyをさまざまな位置に置いたバリエーション。ここではすべて被修飾語の直前にonlyを置いた例である。

注意点：たとえば会話例 3 のonlyを被修飾語Moeの直後に置いた場合、I saw Moe only an hour ago. となり、このセンテンスだけでは「萌だけ」に会ったのか、「ほんの1時間前」に会ったのか、あいまいになってしまう。発話の際は必ず被修飾語を強調しよう。

33 会話例——読んで、聴いて覚える英文法

1
A：1時間前に萌に会ったのは、僕だけだ。
B：でも、ケンジも同じこと言ってたわ。
A：*Only I* saw Moe an hour ago.
B：But that's the same thing Kenji told me.

2
A：1時間前には、萌を見かけただけだった。
B：話はしなかったってこと？
A：I *only saw* Moe an hour ago.
B：You mean you didn't talk with her?

3
A：僕が1時間前に会ったのは、萌だけだ。
B：変ね。千佳はどこにいたのかしら？
A：I saw *only Moe* an hour ago.
B：That's funny. I wonder where Chika was.

4
A：僕が萌に会ったのは、ほんの1時間前のことだ。
B：その後、彼女はどこに行ったんだろう？
A：I saw Moe *only an hour ago*.
B：Where did she go after that?

もう、これが言える！

次は練習問題にチャレンジ。スラスラ言えるようになるまで、くり返しやってみよう。

1. 昨日、君の机の上にそのレポートを置いたのは、僕だけだ。

2. 昨日、僕は君の机の上にそのレポートを、ただ置いただけだ。

3. 昨日、僕が君の机の上に置いたのは、そのレポートだけだ。

4. 昨日僕がそのレポートを置いたのは、君の机の上にだけだ。

5. 僕が君の机の上にそのレポートを置いたのは、ほんの昨日のことだ。

解答例

1. *Only I* put the report on your desk yesterday.
2. I *only put* the report on your desk yesterday.
3. I put *only the report* on your desk yesterday.
4. I put the report *only on your desk* yesterday.
5. I put the report on your desk *only yesterday*.

CHAPTER 4

「遅くともしないよりはまし」
―― late の副詞は lately と思っていませんか？ ――

問：下線部の英語、OK？　それとも NG？

A：今ごろ勉強してるの？　試験は終わったのに。
B：遅くともしないよりはましって言うだろう。
A：**Are you studying now? The exam's over.**
B：**Better <u>lately</u> than never.**

正解は ➔➔➔ **NG**

どうしてNGなの？

副詞は形容詞に-lyをつけてできたもの（例：dark「暗い」－darkly「暗く」）が多いが、例外もあるので注意。たとえば形容詞lateには「遅い」という意味以外にも「最近の、最新の」という意味があり、「最近」という意味の副詞にはlatelyを用いるが、「遅く」という意味の副詞には形容詞と同じlateを用いる。そのため問題文ではlatelyではなくlateを用いることになる。

正解訳

A : Are you studying now? The exam's over.
B : Better late than never.

もっと詳しくポイントチェック

右の会話例を見ながら、さらに理解を深めよう。

late・latelyの具体例：「遅い」という意味の形容詞としてのlateは会話例①を参照。副詞latelyの意味は「遅く」ではなく、「最近」である（会話例②）。

その他、注意を要する形容詞・副詞：イレギュラーな関係の形容詞と副詞の例にはrightとrightlyもある。形容詞rightは「正しい」という意味の場合、rightlyという-ly型の副詞が用いられる（会話例③）。ところが「まっすぐに、直接に；完全に、ずっと」あるいは「右に」などの意味の場合は、right自体が副詞として用いられる（会話例④）。またその他に、hard（形容詞「固い」；副詞「一生懸命に」）とhardly（副詞「ほとんど～でない」）や、short（形容詞「短い」；副詞「短く；急に」）とshortly（副詞「手短に；少し（前・後に）」）などにも要注意。

34 会話例——読んで、聴いて覚える英文法

1
A：君のご主人、相変わらず帰宅は遅いの？
B：そうなの、いつも午前様よ。

A : Does your husband still keep *late* hours?
B : Yes, he usually comes home after midnight.

2
A：最近、美智雄、おしゃれになったね。
B：きっと、彼女ができたのよ。

A : Michio's been dressing better *lately*.
B : I think he's found a girlfriend.

3
A：そんなことをしては、正しいとは言えないわよ。
B：いや、言えるとも。だれにも僕を止めることはできないよ。

A : You can't *rightly* do that.
B : Sure I can. Who's going to stop me?

4
A：今日はまっすぐ家に帰ってきてね。
B：わかってる。5年目の結婚記念日だもんね。

A : Come *right* home today.
B : I know. It's our fifth anniversary.

もう、これが言える！

次は練習問題にチャレンジ。スラスラ言えるようになるまで、くり返しやってみよう。

1. 私の彼は私より背が低い。

2. けがのため、彼のキャリアは突然止まった。

3. 彼女は7時ちょっと前に会社を出た。

4. 昨日は一生懸命勉強した。

5. 昨日はほとんど勉強しなかった。

解答例

1. **My boyfriend is *shorter* than I am.**
2. **His career was stopped *short* by injuries.**
3. **She left the office *shortly* before seven.**
4. **I studied *hard* yesterday.**
5. **I *hardly* studied yesterday.**

CHAPTER 5

「毎日牛乳飲んでるよ」
―― 日にちは on で表すとは限らない ――

問：下線部の英語、OK？　それとも NG？

A：あなた、最近イライラしてるわね。ちゃんとカルシウム取ってる？
B：毎日牛乳を飲んでるよ。
A：**You seem on edge recently. Are you getting enough calcium in your diet?**
B：**I drink milk <u>on every day</u>.**

Part 4　勘違いしていませんか？

正解は ➔➔➔ **NG**

どうしてNGなの？

日にちを表す場合、前置詞に on を用いると学んだが、すべてのケースがこれに当てはまるとは限らない。たとえば every day などの言い方の場合、この形全体で副詞句となっているため、前置詞は置かない。

正解訳

A：You seem on edge recently. Are you getting enough calcium in your diet?
B：I drink milk every day.

もっと詳しくポイントチェック

右の会話例を見ながら、さらに理解を深めよう。

on を用いる場合：カレンダーを見て「この日に」と言うとき（会話例①）や、具体的に○月×日と言う場合は on を用いる（会話例②）。また曜日を表す場合（on Sunday「日曜日に」）、記念日など（on one's anniversary）を表す場合にも on を用いる。

on を用いない場合：the other day（先日）、some day（いつか）などのように慣用詞的な表現の場合、every day 同様、全体で副詞句となっているため、前置詞を置かない（会話例③）。これは home「家」が「家へ［で］」という意味の副詞でもあるため、前置詞を置く必要がないのと同じ。

every day について：every day は、ワンワード everyday の形で、形容詞として用いることがある。この場合、「毎日の；日常の」という意味からさらに、「普段の；ありふれた」などの意味で用いられるので併せて覚えておこう（会話例④）。

35 会話例──読んで、聴いて覚える英文法

1

A：クライアントとの商談へはいつ行くつもり？
B：（カレンダーを指し）この日にしたいと思ってるんだけど。

A : When do you plan to go talk to the client?
B : (pointing to calendar) I'm thinking of going *on this day*.

2

A：結婚式の日取り、決まった？
B：うん。6月8日だよ。

A : Have you chosen a date for your wedding?
B : Yes. It will be *on June 8th*.

3

A：最近、美香に会ってないんだけど、どうしてるかな？
B：彼女なら、この間渋谷で見かけたよ。

A : I haven't seen Mika in a while. I wonder what she's up to.
B : I saw her in Shibuya *the other day*.

4

A：彼女の服、フリルがたくさんついてて、ファッションショーみたいだね。
B：あれは彼女のただの普段着よ。

A : Her frilly clothing looks like something you'd see in a fashion show.
B : Those are just her *everyday* clothes.

Part 4 勘違いしていませんか？

もう、これが言える！

次は練習問題にチャレンジ。スラスラ言えるようになるまで、くり返しやってみよう。

1. 結婚記念日にはすてきなレストランに行きたい。

2. あの日は確か、彼は青いシャツを着てたわ。

3. 1日おきに花に水をやってね。

4. 見てろよ、いつかビッグになってやる。

5. こんなこと日常茶飯事だよ。

解答例

1. I'd like to go to a nice restaurant *on our anniversary*.
2. I remember he wore a blue shirt *on that day*.
3. Would you please water the flowers *every other day*?
4. You'll see, *some day* I'll be a great person.
5. This is just an *everyday* incident.

CHAPTER 6

「中東の諸国民」

―― people が「数えられない名詞」だと思っている人は要注意 ――

問：下線部の英語、OK？ それとも NG？

A：中東の諸国民はずっと戦争状態の中を生きてきたんだ。
B：いつか彼らに平和が訪れることを願うわ。
A：**The peoples** of the Middle East have been living with war for a long time.
B：I hope they are blessed with peace someday.

正解は →→→ **OK**

どうして OK なの？

people という語は「人々」という意味で用いられる場合、複数形 peoples の形で用いることはない。しかしこの語は「国民、民族」という意味で用いることもでき、その場合は「一国の国民」「2カ国の国民」のように、単数・複数の概念を持つようになるため、a[the] people や (the) peoples という形で用いられる。問題文の people も「国民」の意味であるため、この形で正しい。

正解訳

A : The peoples of the Middle East have been living with war for a long time.
B : I hope they are blessed with peace someday.

もっと詳しくポイントチェック

右の会話例を見ながら、さらに理解を深めよう。

a people・peoples:「国民、民族」という意味。可算名詞扱いとなる（会話例1）。

the people:「一般民衆、大衆、庶民」という意味の場合、the がつく（会話例2）。

one's people:「(人などの) 臣民、部下」という意味（会話例3）。

無冠詞 people:「(不特定の) 一般の人々、世間の人々」という意味。「複数の人々」という概念を持つ語であるため、無冠詞 people の形で用いる（会話例4）。数詞をつけて 1,000 people (1000人の人々) としたり、some などの形容詞を前に置き、some people (何人かの人々) のように、ある特定の人々を表すこともできる。

36 会話例——読んで、聴いて覚える英文法

1
A：なぜ浩之は「愛してる」と言ってくれないのかしら？
B：一般に、日本人は恥ずかしがりやな国民なんだよ。
A : Why doesn't Hiroyuki ever tell me that he loves me?
B : Generally, the Japanese are *an* undemonstrative *people*.

2
A：最近の総理のやり方にはことごとくガッカリだね。
B：彼こそは民衆の味方だと思っていたのに。
A : Every move the Prime Minister's been making lately is a disappointment.
B : And I thought he was a man of *the people*.

3
A：あの城はだれが造ったの？
B：当時の城主とその家来よ。
A : Who built that castle?
B : The lord at that time and *his people*.

4
A：私の職場では、いつもみんな、だれかのプライバシーについて話をしてるのよ。
B：人は何でもうわさの種にするのが好きなんだよ。
A : Everyone at my office is always talking about someone else's personal business.
B : *People* like to gossip about everything.

Part 4 勘違いしていませんか？

もう、これが言える！

次は練習問題にチャレンジ。スラスラ言えるようになるまで、くり返しやってみよう。

1. このホールは5000人収容できる。

2. 都会の人々の多くは一人暮らしをしている。

3. アジア諸国民は自国の文化にもっと誇りを持つべきだ。

4. 大衆はあの政治家を信頼していない。

5. それはうちの部下にうまくやらせましょう。

解答例

1. **This hall can seat *5,000 people*.**
2. ***Many city people* live alone.**
3. ***The peoples* of Asia should be more proud of their own cultures.**
4. ***The people* don't trust that politician.**
5. **I'll have *my people* deal with the problem.**

CHAPTER 7

「母親がいつも、正直は最良の策、って言ってた」
―――― 時制を一致させないこともある ――――

問：下線部の英語、OK？ それとも NG？

A：あなたから事実を聞かされて、美佐はあまりのショックに病気になっちゃったのよ。
B：母親がいつも、正直は最良の策、って言ってたんだ。だから、彼女に話すことにしたんだよ。
A：**When you told her the truth, Misa was so shocked that she got sick.**
B：**My mother always <u>told</u> me honesty <u>is</u> the best policy. So I decided to tell her.**

正解は ➡➡➡ **OK**

どうして OK なの？

英文法のポイントのひとつに「時制の一致」がある。しかしこのルールを適用しないケースもある。たとえば「不変の真理」（少なくとも話者にとっての「真理」）を述べる場合、主節の動詞が過去形であっても、従位節の動詞は現在形にする。会話では過去形 was を用いる場合もあるが、文法的には is が正しい。

正解訳

A：When you told her the truth, Misa was so shocked that she got sick.
B：My mother always told me honesty is the best policy. So I decided to tell her.

もっと詳しくポイントチェック

右の会話例を見ながら、さらに理解を深めよう。

「時制の一致」とは：従位節の動詞の時制を主節の時制に一致させるというルール。たとえば会話例①では主節の動詞が過去形 told であるため、従位節の動詞も過去形 was となっている。

「時制の一致」が適用されないケース：

①現在も続いている習慣を表す場合（会話例②）や、should、must、ought to などの助動詞を従位節で用いる場合（会話例③）などは主節の時制にかかわらず現在形にする。

②従位節が仮定法である場合は、主節の時制にかかわらず、その仮定法で表したい意味の時制のままにする（会話例④）。

③従位節が歴史的事実である場合は、主節の時制にかかわらず、従位節は常に過去形で表す。

37 会話例 ── 読んで、聴いて覚える英文法

1
A：隆雄にプレゼントあげたんだけど、彼、何も言わなかったのよ。気に入らなかったのかな。
B：僕には、すごくうれしいって言ってたよ。

A : Takao didn't say anything when I gave him the present. I wonder if he didn't like it.
B : He *told* me he *was* really happy.

2
A：理穂はどうやって体型を保ってるんだろう？
B：毎朝ジョギングしてるって言ってたよ。

A : How does Riho stay in shape?
B : She *said* she *goes* jogging every morning.

3
A：それ、パパにどう思うか相談してみた？
B：パパは、まずママに相談してみなさいって言ってた。

A : Did you ask Dad what he thought about it?
B : He *told* me I *should ask* you first, Mom.

4
A：もし祥子が私の立場だったらどうするかな？
B：彼女、自分だったらそのオファーを受けるって言ってたよ。

A : What would Shoko do if she were in my shoes?
B : She *told* me she *would accept* the offer if she were me.

もう、これが言える！

次は練習問題にチャレンジ。スラスラ言えるようになるまで、くり返しやってみよう。

1. 孝、落ち込んでるって言ってた。

2. 「生まれながらの賢者はいない」が祖父の口癖だった。

3. 麻里は月一回パリに行ってるって言ってたよ。

4. その問題は自分で解くよう、正治に言っておいたわ。

5. 彼は自分だったらこの仕事を辞めるって言ってたよ。

解答例

1. **Takashi *told* me he *was feeling* down.**
2. **My grandfather always *told* me no man *is* born wise.**
3. **Mari *said* she *goes* to Paris once a month.**
4. **I *told* Masaharu he *should solve* the problem by himself.**
5. **He *told* me he *would quit* this job if he were me.**

CHAPTER 8

「一晩中、ネットサーフィンをして過ごした」
―― spend「過ごす」の使い方を文法的にしっかりつかもう！――

問：下線部の英語、OK？ それともNG？

A：寝不足のようだけど。
B：一晩中、ネットサーフィンをして過ごしたの。
A：You look like you could use some sleep.
B：I spent net-surfing all night.

正解は ➡➡➡ **NG**

どうしてNGなの？

「(時を) 過ごす」はspendで表し、「〜して過ごす」と言う場合は〜ingを伴う、ということを頭にたたき込んだ読者も多いだろう。問題文はその点は満たしているが、どこがおかしいのだろう。spendは「(時を) 過ごす」という意味で用いる場合、後に必ず「時」を表す名詞を目的語として置かなければならない。そのため問題文の場合もall nightをspendの目的語にしなければならないのである。なお、Aのせりふのcould useは「〜が必要である」という意味の口語表現。

正解訳

A: You look like you could use some sleep.
B: I spent all night net-surfing.

もっと詳しくポイントチェック

右の会話例を見ながら、さらに理解を深めよう。

spendのいろいろな用い方：「〜して過ごす」は〜ingだけでなく、「前置詞on[in]＋名詞」で表すこともできる (会話例1)。また前置詞句を伴えば、「(過ごした時の) 様態」なども表せる (会話例2)。

spendを用いないケース：日本語で「過ごす」と言っても、必ずしもspendを用いるわけではない。たとえば「楽しい時をお過ごしください」は、Have a good time. と言うほうが自然。この応用で、「〜して楽しく過ごす」と言う場合は、have a good time 〜ingとなる (会話例3)。また「いかがお過ごしですか？」というようなあいさつの場合は、会話例4のような表現を用いるとよい。

会話例 — 読んで、聴いて覚える英文法

1

A：午後はずっと瞑想にふけっていたんだ。
B：私は3人の子どもにつきまとわれてるから、1時間でも静かに過ごせたらうれしいわ。

A：*I spent all afternoon in meditation*.
B：With three kids under my feet, I'd enjoy even an hour of quiet.

2

A：休暇はボーッと過ごしたよ。出かける前日に風邪をひいてね。
B：それはお気の毒に。

A：*I spent my vacation in a daze* because I caught a cold the day before I went.
B：That's too bad.

3

A：6時間のフライト、退屈じゃなかった？
B：ううん。映画を見て、楽しく過ごしたわ。

A：Did you get bored during your six-hour flight?
B：No. I *had a good time watching* movies.

4

A：最近はいかがお過ごしですか？
B：孫のお守りをしながら、とても楽しくやってるよ。

A：*What have you been doing with yourself* recently?
B：I've been having lots of fun looking after my grandchildren.

もう、これが言える！

次は練習問題にチャレンジ。スラスラ言えるようになるまで、くり返しやってみよう。

1. 君のレポートをチェックするのに5時間かかったよ。

2. うつろに時間を過ごしちゃだめだよ。

3. この休暇は自己改革に費やすつもり。

4. マキはその週はぶらぶらして過ごした。

5. 楽しい休みを過ごしてね。

解答例

1. **I *spent five hours checking* your report.**
2. **You can't *spend your time staring* into space.**
3. **I'll *spend this vacation reforming* myself.**
4. **Maki *idled the week away*.**
5. ***Have a good vacation*!**

CHAPTER 9

「今はあまり食べたくないんだ」
—— would の否定は wouldn't とは限らない ——

問：下線部の英語、OK？ それとも NG？

A：1日中働き通しで、クタクタみたいね。何かちょっと食べる？
B：今はあまり食べたくないんだ。

A：**You look beat after a full day of work. Do you want to grab something to eat?**
B：**I would rather not eat anything now.**

正解は ➶➶➶ **OK**

どうして OK なの？

一般に否定語 not は「be 動詞・助動詞の後、一般動詞の前」に置き、しばしば -n't の形で be 動詞・助動詞と一体化させて用いる（会話例 1）。しかし例外もあるので気をつけよう。たとえば would rather do（むしろ〜したい）という表現の場合、would と rather の 2 語を合わせてワンワードとも言えるほど助動詞 would と副詞 rather の結びつきが強いため、not は would の後ではなく would rather の後に置く。

|正解訳|

A : You look beat after a full day of work. Do you want to grab something to eat?
B : I would rather not eat anything now.

もっと詳しくポイントチェック

右の会話例を見ながら、さらに理解を深めよう。

助動詞の直後に not を置かない例：would rather do のほか、had better do（〜するべきだ）も助動詞 had と副詞 better の結びつきが強いため、not は had の後ではなく had better の後に置く（会話例 2）。

注意点：疑問文では <u>Would</u> you rather do ...?（むしろ〜したいですか？）、<u>Had</u> she better do ...?（彼女は〜すべきだろうか？）のように、助動詞のみを前に出すため、否定疑問文の場合、not は助動詞 would、had の直後に置くことになる（会話例 3）。またこの付加疑問文では、..., wouldn't you?、..., hadn't we? のように、助動詞に not をつけた形だけを後置する（会話例 4）。

会話例──読んで、聴いて覚える英文法

1

A：サエはまだヨシキと付き合ってるのよ。
B：彼とはもう会わないって言ってたのに。

A : Sae is still seeing Yoshiki.
B : She said she *wouldn't* see him anymore.

2

A：(姉に) 僕、1カ月前に会社を辞めたんだ。
B：母さんには言っちゃダメよ。

A : (to his sister) I quit my job a month ago.
B : You*'d better not* tell Mom.

3

A：彼女、もう彼には会わないほうがいいんじゃない？
B：うん。僕もそう思うよ。

A : *Hadn't* she *better* see him?
B : Yeah, I think so too.

4

A：あまり食欲がないんだ。
B：それより、ただ横になりたい、でしょ？

A : I don't feel very hungry.
B : You*'d rather* just go to bed, *wouldn't you*?

もう、これが言える！

次は練習問題にチャレンジ。スラスラ言えるようになるまで、くり返しやってみよう。

1. ボスはそのプランに OK を出さないと思ったんだ。

2. 今日はあまり外に出たくないなあ。

3. それ以上食べないほうがいいよ。

4. あんまりハードに仕事をやり続けないほうがいいんじゃない。

5. 彼女は今日はむしろひとりでいたいんでしょ？

解答例

1. **I thought the boss *wouldn't* accept the plan.**
2. **I *would rather not* go out today.**
3. **You*'d better not* eat anything more.**
4. ***Hadn't* you *better* continue working very hard?**
5. **She*'d rather* be alone today, *wouldn't she*?**

CHAPTER 10

「最後のここ何日かは頑張ったけどね」
—— a few「少しの」、few「ほとんどない」に問題アリ ——

問：下線部の英語、OK？ それともNG？

A：試験勉強、ちゃんとやったの？
B：最後のここ何日かは一生懸命、頑張ったけどね。
A : Did you study hard for the exam?
B : I've been studying my brains out these last a few days.

正解は ➡➡➡ **NG**

どうしてNGなの？

fewについては、無冠詞の場合は「ほとんどない」という否定の意味（会話例①）で、a fewにすると「少しの」という肯定の意味になると学んだが、この説明は厳密に言うと不十分。たとえばこの理屈からすると問題文の「最後のここ何日か」という意味は、a fewを用いた肯定表現these last a few daysとなるはず。しかし実はfewの前には不定冠詞aではなくとも、その代わりとなる限定詞を置けば、肯定的な「少しの」という意味になるのだ。ここではthese lastがこの限定詞となっているため、不定冠詞aは不要というわけ。

正解訳

A：Did you study hard for the exam?
B：I've been studying my brains out these last few days.

もっと詳しくポイントチェック

右の会話例を見ながら、さらに理解を深めよう。

a以外の限定詞を冠したfew表現：会話例②のeveryのほか、イディオム的用法としてprecious few「きわめて少数の」やsome few「いくらかの数の；かなりの数の」などがある。さらにthe fewestという最上級の形で「最も少ない」という意味や、比較級を用いno fewer thanの形で数が意外に多かったことを強調した「～もの数」（会話例③）、not fewer thanで「少なくとも」の意味を表す。

注意の必要なa few表現：quite a few、a good fewは「かなり少ない」ではなく「かなり多くの」（＝not a few）という意味（会話例④）。

会話例──読んで、聴いて覚える英文法

1

A：木島は、僕とあまり話してくれないんだ。僕のこと怒ってるのかな？
B：心配しなくていいわよ。彼は無口な人なの。

A : Kijima doesn't say very much to me. Is he mad at me?
B : Don't worry. He's a man of *few* words.

2

A：母親になるってどんな感じ？
B：素敵だけど、とっても疲れるわ。まだ数時間ごとにミルクを飲ませなきゃいけないの。

A : How is it being a mother?
B : Nice but exhausting. I still have to feed him *every few* hours.

3

A：彼女のパーティーには100人もの人が来たよ。
B：あなた、それは言い過ぎ。50人程度しかいなかったわ。

A : There were *no fewer than* a hundred people at her party.
B : You're exaggerating. There were only about 50.

4

A：どれくらいの友達が卒業旅行で海外に行くの？
B：かなりたくさんだよ。

A : How many of your friends will go on graduation trips abroad?
B : *Quite a few*.

もう、これが言える！

次は練習問題にチャレンジ。スラスラ言えるようになるまで、くり返しやってみよう。

1. 彼には自己表現の機会がほとんどなかった。

2. 君がまじめに働いたのは、初めの何日かだけだったね。

3. 私はこの夏、少なくとも10冊、本を読むつもり。

4. (自分の通う大学の学部を受けた今年の受験者数が300人と聞いて)
   たった300人？ うちの学部ではこれまでで最低の受験者数だね。

5. それについては抗議のメールがかなり来た。

解答例

1. **He had *few* opportunities to express himself.**
2. **You worked diligently only for *the first few* days.**
3. **I'll read *not fewer than* ten books this summer.**
4. **Only 300? That's *the fewest* number of applicants our department has ever had.**
5. **I got *quite a few* angry e-mail messages about that.**

Part 5

選択を誤っていませんか?

—— 似た単語でも意味・用法はこんなに違う ——

CHAPTER 1

「こんにちは」
―― 初対面かどうかで決まる meet と see ――

問：下線部の英語、OK？ それとも NG？

A：永沢先生、こんにちは。
B：おっ、浩一君。貸してあげると約束した本のことで来たのかい？
A：<u>Nice to meet you</u>, Professor Nagasawa.
B：Hi, Koichi. Have you come for that book I promised to lend you?

正解は ➡➡➡ **NG**

どうしてNGなの？

meetもseeも「(人と)会う」という意味で用いられるが、基本的にmeetは「初めて会う」、seeは「すでに面識のある人に会う」という場合に用いられる。そのため、知人に対してNice to meet you.とは言わない。特に先生などに対して丁寧に「こんにちは」という場合は、Nice to see you.という表現を用いる。くだけた会話ではHi.(どうも)などでよい。

|正解訳|

A：<u>Nice to see you</u>, Professor Nagasawa.
B：Hi, Koichi. Have you come for that book I promised to lend you?

もっと詳しくポイントチェック

右の会話例を見ながら、さらに理解を深めよう。

seeを用いる例：問題文と同じ理屈から、会話例①のように知人に対する別れ際のあいさつとして「また会おうね、またね」のように言うときは、See you later[again]. となる。

meetを用いる例：会話例②のように、「人と(場所などで)初めて出会った」という場合はseeではなくmeetを用いる。また初対面の人に対してはNice to meet you.という表現を用いるが、to meetをmeetingにすると、初めて会った人との別れ際のあいさつとしても用いることができる(会話例③)。また、人をだれかに紹介する場合も「初対面」ということから、meetを使う。

注意点：一度会ったことのある人に対しても、「会合する、集う」という意味を表す場合は「会合(meeting)」の意を持つmeetを用いる(会話例④)。また、「街でばったり出会う」、あるいは「約束して落ち合う」などの場合も基本的にmeetを用いる。

会話例──読んで、聴いて覚える英文法

1
A：もう、授業に行かなくちゃいけないんじゃないの？
B：あっ、そうだ、忘れてた。じゃ、また後でね！

A : Don't you have to go to a class now?
B : Oh yeah, I forgot about it. OK, then I'll *see you later*!

2
A：ねえ、2人のなれそめを教えて。
B：えっと、僕たちが出会ったのは図書館で……

A : Please tell me how your romance began.
B : Well, we first *met* in the library, and ...

3
A：お会いできて、よかったです。
B：こちらこそ。

A : *Nice meeting you*.
B : The pleasure was mine.

4
A：所属サークルの会合には行ってる？
B：うん。3カ月に一度、定期的に集まってるよ。

A : Do you attend the meetings for the club you're in?
B : Yes. We *meet* regularly once every three months.

Part 5 選択を誤っていませんか？

もう、これが言える！

次は練習問題にチャレンジ。スラスラ言えるようになるまで、くり返しやってみよう。

1. また来てね。

2. 最近アツシによく会うんだ。

3. お会いできて光栄です。

4. 秋田教授をご紹介します。

5. 図書館で偶然ミツエに会ったよ。

解答例

1. **Come back and *see* us./Come and *see* us again.**
2. **I *see* a lot of Atsushi these days.**
3. **I'm very glad to *meet* you.**
4. **I'd like you to *meet* Professor Akita.**
5. **I happened to *meet* Mitsue at the library.**

CHAPTER 2

「クラシック音楽が好きだ」
―――「クラシック＝classic」とは限らない―――

問：下線部の英語、OK？　それともNG？

A：あっ、これ、ドビュッシーの『夢想』だね。僕のお気に入りのひとつなんだ。
B：あなたがクラシック音楽を好きだとは知らなかったわ。
A：**Oh, this is Debussy's *Réverie*. It's one of my favorites.**
B：**I didn't know you liked classic music.**

正解は ⇒⇒⇒ **NG**

どうしてNGなの？

形容詞を選ぶ上で厄介なことのひとつに、語源は同じだが、語尾の違いで意味が異なる形容詞がある。たとえば classic と classical。同じように見えるが使い分けが必要。「古代ローマの；クラシック音楽の」という意味では classical を使う。

正解訳

A：Oh, this is Debussy's *Rêverie*. It's one of my favorites.
B：I didn't know you liked classical music.

もっと詳しくポイントチェック

右の会話例を見ながら、さらに理解を深めよう。

-ic 型と -ical 型で意味が異なるもの：classic、classical の場合、classic のほうはおもに「(芸術品などが)最高水準の、一流の、流行に左右されない」という意味で用いる(会話例①)。ただしバレエに関しては classic と classical 両方が用いられる。ほかに使い分けの必要な形容詞の典型的な例として economic (会話例②) と economical (会話例③) がある。economic は「経済上の、経済学の」などの意味。economical をこの意味で用いてもよい場合もあるが、economical には economic にはない「無駄のない、つましい、省エネの」などの意味があるという点で、使い分けが必要。

-ic 型も -ical 型も同じ意味のもの：-ic 型でも -ical 型でも同じ意味のものもある。たとえば ironic(al)「皮肉な」(会話例④)、egoistic(al)「利己的な」、strategic(al)「戦略的な」など。

会話例──読んで、聴いて覚える英文法

1

A：このワンピース、どう思う？
B：君は、そういうオーソドックスな服がよく似合うね。

A : **What do you think of this dress?**
B : **You look great in *classic* dresses like that.**

2

A：それは経済の問題であって、政治の問題ではないわ。
B：おれ、経済、苦手なんだ。素人にもわかる言葉で説明してくれる？

A : **It's an *economic* problem, not a political one.**
B : **I'm bad at *economics*. Could you explain it in lay terms?**

3

A：経済性の高い車を買おうと思ってるんだ。
B：ハイブリッドカーは燃費がいいらしいよ。

A : **I'm thinking of buying an *economical* car.**
B : **I heard hybrids get good mileage.**

4

A：政府の新しい経費削減案は1億ドルの予算オーバーだ。
B：なんて皮肉な話かしら。

A : **The government's new program to reduce spending is $100 million over budget.**
B : **How *ironic* [*ironical*].**

もう、これが言える！

次は練習問題にチャレンジ。スラスラ言えるようになるまで、くり返しやってみよう。

1. この戦争は歴史的な出来事となるだろう。

2. そのドラマは史実に基づいている。

3. 政府の新しい経済政策は効果があるだろうか？

4. 夫は私より節約上手な主夫だ。

5. 愛子はちょっと自己中だね。

解答例

1. **This war will be a *historic* event.**
2. **The drama was based on a *historical* event.**
3. **Do you think the government's new *economic* policy is effective enough?**
4. **My husband is a more *economical* housekeeper than I am.**
5. **Aiko is rather *egoistic* [*egoistical*].**

CHAPTER 3

「君を失うことについて考えてみた」
――― get to do と get to doing はまったくの別物 ―――

問：下線部の英語、OK？ それとも NG？

A：あなた、何を考えてるの？
B：昨日の夜、君を失うことについて考えてみたんだけど、そんなこと考えるなんて、とても耐えられなかった。

A : What's on your mind, honey?
B : Last night I <u>got to thinking</u> about losing you, and I just couldn't bear the thought.

正解は ➡➡➡ **OK**

どうして OK なの？

ここでは前置詞 to と to 不定詞の使い分けを身につけよう。たとえば同じ get to という形でも、「～できる」という意味の場合、get to do の形 (to は不定詞) を用いる (会話例①) が、「～し始める；～してみる」という意味で用いる場合の get to は、get to doing の形 (to は前置詞) で用い、後には名詞か動名詞を置かなければならない。

正解訳

A: What's on your mind, honey?
B: Last night I got to thinking about losing you, and I just couldn't bear the thought.

もっと詳しくポイントチェック

右の会話例を見ながら、さらに理解を深めよう。

look to の形の例：学校文法で頭にたたきこんだ look forward to doing の to は、不定詞ではなく前置詞なので、後には動詞の原形ではなく、doing の形を置かなければならない。これに対し、会話例②の look to A to do は「A (人) が～してくれるのを当てにする」という意味のイディオム。この最初の to は「～に対して」という動作の対象を表す前置詞。そして後ろの to は to 不定詞なので動詞の原形を続ける。

その他 to doing で用いる形：with a view to doing (～する目的で) も to doing の例 (会話例③)。これは硬い表現で日常会話ではあまり用いられないが、ニュース解説などではよく用いる。通常「～する目的で」と言う場合、目的を表す to 不定詞をよく用いることが多いので (会話例④)、両者の混同に注意しよう。

43 会話例──読んで、聴いて覚える英文法

1

A：昨日はずいぶんめかしこんでたね。どこへ行ったの？
B：イタリア大使館のパーティーに出ることができたの。

A : **You were all dressed up yesterday. Where did you go?**
B : **I *got to go* to a party at the Italian Embassy.**

2

A：うちの息子ったらいつもギリギリまで宿題をやらない。
B：君が手伝ってくれるのを当てにしてるんだよ。

A : **That son of ours never does his homework until the last minute.**
B : **He's *looking to you to help* him.**

3

A：(テレビのニュースで)……コリン・パウエルは米国とペルー間の緊張緩和をはかるためペルーを訪れました。
B：ブルース、リポートご苦労さま。では次のニュースです。

A : **(TV newscast)... Colin Powell visited Peru *with a view to easing* tensions between the U.S. and that country.**
B : **Thank you for that report, Bruce. Now, to our next story.**

4

A：来年はどんな計画をしているの?
B：フランスに料理の勉強をしに行きたいと思ってる。

A : **What are your plans for next year?**
B : **I'd like to go to France *to study* cooking.**

もう、これが言える！

次は練習問題にチャレンジ。スラスラ言えるようになるまで、くり返しやってみよう。

1. 仕事をやり終えることができなかった。（get to do を用いて）

2. 彼は仕事を辞めることを考え始めた。

3. 私に宿題を手伝ってもらおうなんて、当てにしちゃだめよ。

4. また会えるのを楽しみにしているよ。

5. 彼女は宇宙飛行士になるため、一生懸命、勉強をしている。

解答例

1. I didn't *get to finish* the job.
2. He *got to thinking* about quitting his job.
3. You can't *look to me to help* you with your homework.
4. I'm *looking forward to seeing* you again.
5. She's studying hard *with a view to becoming* an astronaut.

CHAPTER 4

「それ大嫌いだった」
―― 意味は同じでも使い方が違う used to と would ――

問：下線部の英語、OK？ それとも NG？

A：ここに来ると、いつもマラソン大会のことを思い出すんだ。
B：うわっ、私、それ大嫌いだった。
A：**This place always reminds me of those long-distance races we ran.**
B：**Oh, I would hate those.**

正解は ➜➜➜ **NG**

どうして NG なの？

「〜したものだ」という過去の習慣を表すときは、used to あるいは would を用いると習ったが、この 2 つ、同じように用いることはできない。たとえば would は used to とは異なり live や hate のような「状態動詞」とともに用いることはできない。そのため問題文では used to を用いなければならない。なお、ここでは Oh, I always hated those. とも言える。

正解訳

A: This place always reminds me of those long-distance races we ran.
B: Oh, I used to hate those.

もっと詳しくポイントチェック

右の会話例を見ながら、さらに理解を深めよう。

used to：①長期にわたる習慣を表す（会話例1）。今もその習慣が続いている場合は、I used to[would] ... back then too.（そのころも〜していたものだ）のようにする（＊これは would の場合も同じ）。② like、live など「状態」を表す動詞と用いて、「昔、そういう状態だった」という意味を表すことができる。そのため会話例2のように、be 動詞を用いた表現も可能。used to を用いることにより、was を用いるよりも主観的で、「懐かしい」というニュアンスが出る。

would：①比較的短期間に繰り返し行われた習慣を表す（会話例3）。② usually や often、sometimes など頻度を示す副詞（句）、時を表す副詞節（when I was young「私が若かったころ」など）とともに用いることが多い（会話例4）。

44 会話例 — 読んで、聴いて覚える英文法

1
A：前はよく、この公園でジョギングしたものだけどね。
B：また始めたらどう？
A : I *used to* jog in this park.
B : Why don't you start again?

2
A：昔このへんに、デパートがあったんだけどな。
B：ああ、覚えてるよ。街の別の場所に移転したんだ。
A : There *used to* be a department store around here.
B : Yeah, I remember. They moved to another part of town.

3
A：あのころは、僕たち、いつも一緒だったね。
B：そう。よく私があなたのところに行って、朝までおしゃべりしたものね。
A : We were always together back then.
B : Yeah. I *would* often visit you, and we'd talk until morning.

4
A：子供っていつも「なぜ？」って聞く。困るんだよね、あれ。
B：あなたも小さいころは、何かにつけて質問したものよ。
A : Children always ask 'Why?' That question gives me a headache.
B : When you were little, you *would* ask questions about everything too.

もう、これが言える！

次は練習問題にチャレンジ。スラスラ言えるようになるまで、くり返しやってみよう。

1. 実は僕、前はタバコを吸ってたんだ。

2. 彼、昔はうちの隣に住んでたの。

3. 彼女はそのころもやっぱりだらしない生活を送ってたなあ。

4. 学校からの帰り道にはよくお菓子を買い食いしたものよ。

5. 君も、彼女ができる前はよくうちに遊びに来てたものだよね。

解答例

1. **Actually, I *used to* smoke.**
2. **He *used to* live in the house next door to mine.**
3. **She *used to* be a slob back then too.**
4. **I *would* spend my money on sweets on my way home from school.**
5. **You *would* often visit us before you got a girlfriend.**

CHAPTER 5

「すっごく高いけど……」
——too には否定的な意味が含まれる——

問：下線部の英語、OK？ それとも NG？

A：このデザイナーズ・ブランドの腕時計はどう？
B：すっごく高いけど、買うわ。
A : What do you think of this designer watch?
B : It's <u>too</u> expensive, but I'll buy it.

正解は ➢➢➢ **NG**

どうしてNGなの？

「あまりにも」という意味のtooを、veryの強意語のようにとらえている人もいるかもしれないが、tooはveryとは用法が異なるので注意。tooは、好ましくないことを表す場合に用い、否定や断りの気持ちなどを含むことが多いため、問題文でtooを用いると「高すぎる」ので「買わない」という意味を含むことになる。ここでは「買う」と続いているため、tooではなくveryを用いる。

正解訳

A : What do you think of this designer watch?
B : It's very expensive, but I'll buy it.

もっと詳しくポイントチェック

右の会話例を見ながら、さらに理解を深めよう。

tooとvery：veryの場合、とにかく修飾内容を「強調する」役割を担う。会話例①では、「話がうますぎ」て「あやしい」という言外の否定の意味も含むので、veryではなくtooを用いる。

too ... (for A) to do ～：「～することは(Aにとって)…すぎる」という構文はおなじみのものだが、tooに否定の意味が含まれるため、to以下にはanyを用いる点にも注意（会話例②）。

too ... not to do ～：この形にすると「～しないにはあまりに…すぎる」、つまり「とても…なので、～できる」という意味になる（会話例③）。

語順：tooを用いる際には語順にも注意。冠詞aとともに用いる場合は「too＋形容詞＋a＋名詞」（会話例④）、much＋形容詞とともに用いる場合は「much＋too＋形容詞」の語順になる。

188

会話例 —— 読んで、聴いて覚える英文法

1

A：そのオファーについて、どう思う？
B：話がうますぎるな。

A : What do you think of the offer?
B : It sounds *too* good *to* be true.

2

A：この仕事、政男に頼めないかな。
B：彼は疲れすぎてて、何もできないわ。

A : I wonder if Masao would do this job for me.
B : He's *too* tired *to* do *anything*.

3

A：クライアントにちゃんとお酌するよう、ノゾミに言っておくの忘れてたわ。
B：心配するなよ。彼女はとても気配りができるから、きっとやってるよ。

A : I forgot to tell Nozomi to keep the clients' glasses full.
B : Don't worry. She's *too* smart *not to* remember to do that.

4

A：ワタルのどこがいけないの？
B：彼は私には素晴らしすぎる人なの。

A : What don't you like about Wataru?
B : He's *too nice a guy* for me.

もう、これが言える！

次は練習問題にチャレンジ。スラスラ言えるようになるまで、くり返しやってみよう。

1. このスープ、めちゃくちゃ辛いけど、うまい！

2. このスープ、辛すぎる。飲めないよ。

3. 彼女はプライドが高すぎて、誰にもそんなこと頼めない。

4. ケンタはすごく頭が切れるから、そのトリックを見破れないわけはない。

5. （エステに行きたいという中学生の子供に母親が）
あなたがそこに行くのはまだまだ早いわよ。

解答例

1. **This soup is *very* spicy, but it's delicious.**
2. **This soup is *too* spicy. I can't eat it.**
3. **She's *too* proud *to* ask *anyone* to do that.**
4. **Kenta is *too* sharp *not to* see through the trick.**
5. **You're *much too* young *to* go there.**

CHAPTER 6

「メーカーに直接注文したら？」
―― 「〜に」にはいつでも to を使える？――

問：下線部の英語、OK？ それとも NG？

A：そのパスタメーカー、どうやったら手に入るかな？
B：イタリアのメーカーに直接注文してみたら？
A：How can I get that pasta maker?
B：How about ordering one directly from the manufacturer in Italy?

正解は ➤➤➤ **OK**

どうして OK なの？

注意の必要な前置詞について見てみよう。「A(商品など)を B(店など)に注文する」という表現の場合、日本語の「〜に」に当たる前置詞は to ではないか、と思う人もいるだろう。しかし、英語では order A from B と言う。「B から A を取り寄せる」と言い換えると納得しやすい。

正解訳

A：How can I get that pasta maker?
B：How about ordering one directly from the manufacturer in Italy?

もっと詳しくポイントチェック

右の会話例を見ながら、さらに理解を深めよう。

日本語に引きずられやすい前置詞：会話例1の場合、日本語では「プールに泳ぎに行く」と言うため、go swimming to a pool と思いがちだが、英語では「プールで泳ぎに行く」と表現するので、「プールで」に合った前置詞 in/at を使う。また会話例2の場合、日本語の「〜から始まる」につられ、begin from にしがちだが、意味としては「〜(日時・季節など)に始まる」というわけなので、日にちなら begin on、時間なら begin at (会話例3)、季節なら begin in のようになる。

感覚の違いから誤りやすい前置詞：「A(印刷物など)に B(記事など)が載っている」という場合、感覚的に on を選ぶ人もいるかもしれないが、開いて中を見るようなものの場合は in を用いる (会話例4)。ただし、on page 2 ... のように、ページ番号を特定したものや表紙の場合は on を使う。

46 会話例──読んで、聴いて覚える英文法

1
A：どうやってスタイルを保ってるの。
B：週3回、プールに泳ぎに行ってるのよ。
A : How do you keep in shape?
B : I go swimming *in* a pool three times a week.

2
A：新学期はいつから始まるの？
B：4月9日からだよ。
A : When does the new semester begin?
B : It begins *on* April 9th.

3
A：もう8時よ。試験に遅刻するんじゃない？
B：試験は8時半からだ。どうしよう。
A : It's already eight o'clock. Won't you be late for your exam?
B : It begins *at* eight thirty. What shall I do?

4
A：咲子の電話番号、電話帳に載ってる？
B：ううん。でも、教えてあげられるよ。
A : Is Sakiko *in* the phone book?
B : No, but I can tell you her number.

もう、これが言える！

次は練習問題にチャレンジ。スラスラ言えるようになるまで、くり返しやってみよう。

1. ピザ屋にシーフードピザを注文してくれる？

2. 今日はデパートに買い物に行った。

3. 夏休みは8月9日からだったよね？

4. 面接は午後3時からだってこと、忘れないようにね。

5. そのニュース、今朝の朝刊で見た。

解答例

1. Would you please *order* a seafood pizza *from* the pizza shop?
2. I went shopping *at* a department store today.
3. Summer vacation begins *on* August 9th, doesn't it?
4. Remember that the interview starts *at* three p.m.
5. I read the news *in* the morning paper today./I read that news *in* this morning's paper.

CHAPTER 7

「そこは、私の育った街よ」
——「育つ」と「育てる」: 自動詞と他動詞の区別は OK?——

問：下線部の英語、OK？ それとも NG？

A：札幌に転勤になったんだ。
B：そこは、私の育った街よ。
A : I'm being transferred to Sapporo.
B : That's where I brought up.

正解は ➡➡➡ **NG**

どうしてNGなの？

「育つ」「育てる」のように、日本語では自動詞・他動詞の違いを語尾の変化で示すものでも、英語では grow up、bring up のように自動詞と他動詞でまったく別の動詞を使わなければならない場合がある。ここでは「育つ」という自動詞なので、他動詞 bring up ではなく、自動詞 grow up を用いなければならない。

正解訳

A：I'm being transferred to Sapporo.
B：That's where I grew up.

もっと詳しくポイントチェック

右の会話例を見ながら、さらに理解を深めよう。

grow up と bring up：bring up は会話例①のように「育てる」という意味で用いる。ただし bring up も That's where I was brought up. のように受け身にすれば、自動詞「育つ」の意味で使うことができる。

その他、自動詞・他動詞の区別が難しいもの：raise [réiz] と rise [ráiz]。raise は他動詞で、具体的なもの（raise a flag「旗を掲げる」など）から、抽象的なもの（raise one's voice「声を荒げる、怒る」など）まで幅広く用いる。会話例②の raise は「(問題を)取り上げる」という意味。rise は自動詞で、具体的なものや抽象的なものが「上がる」（会話例③）、太陽や月などが「昇る」という場合などに用いる。さらに arise という自動詞もあり、おもに「(抽象的なものが)生じる、起こる」という意味で用いられる（会話例④）。ほかに他動詞 lay「横たえる」、自動詞 lie「横たわる」なども要注意。

会話例——読んで、聴いて覚える英文法

1
A：子どもたちをバイリンガルに育てたい。
B：どうやってそうするつもりなの？
A：**I'd like to *bring up* my kids to be bilingual.**
B：**How are you planning to do that?**

2
A：この記事で、地球の起源についての興味深い問題が提起されてる。
B：それ、コピーしてもいい？
A：**This article *raises* some interesting questions about the origin of the Earth.**
B：**Could I make a copy of it?**

3
A：明日の試合の準備、できた？
B：もう今から血圧が上がっていくのを感じるね。
A：**Are you ready for tomorrow's game?**
B：**I can feel my blood pressure *rising* already.**

4
A：どうして先方はあのプロジェクトを中止したんだろう？
B：資金問題が持ち上がったらしいよ。
A：**Why did they cancel that project?**
B：**It seems a problem *arose* with the funding.**

もう、これが言える！

次は練習問題にチャレンジ。スラスラ言えるようになるまで、くり返しやってみよう。

1. 子どもが成長するのは、なんて早いんだろう！

2. 子どもを育てるのはほんとに大変だ。

3. このベッドに横になっていいよ。

4. 赤ちゃんはこの毛布の上に寝かせておくといいよ。

5. 仕事が終わった後、彼はソファに横になった。

解答例

1. **How rapidly the children are *growing up*!**
2. **It's hard work to *bring up* children.**
3. **You can *lie down* on this bed.**
4. **You can *lay* your baby *down* on this blanket.**
5. **He *lay down* on the sofa after he finished the job.** （＊この lay は自動詞 lie の過去形）

CHAPTER 8

「あなたの傘、修理が必要ね」
—— need to do と need doing、「to 不定詞」と「動名詞」の使い分け ——

問：下線部の英語、OK？　それとも NG？

A：あなたの傘、修理が必要ね。一緒に歩くの恥ずかしいわ。
B：僕は平気だよ、濡れさえしなければ。
A：Your umbrella <u>needs to fix</u>. I'm embarrassed to walk with you.
B：I don't mind unless I get wet.

Part 5　選択を誤っていませんか？

正解は ➡➡➡ **NG**

どうして NG なの？

動詞には to 不定詞・動名詞の両方を伴うことができるが、どちらを伴うかで全体の意味が異なってくるものがある。たとえば need の場合、to 不定詞は能動を、動名詞は受動を表す。問題文では「(人や物が) ～される必要がある」という受動の意味を表したいので、need to do ではなく need doing の形を用いる。

正解訳

A : Your umbrella needs fixing. I'm embarrassed to walk with you.
B : I don't mind unless I get wet.

もっと詳しくポイントチェック

右の会話例を見ながら、さらに理解を深めよう。

能動・受動タイプ：need の場合、need doing は受動の意味（＊米語では Your umbrella needs to be fixed. と言う場合もある）。一方 need to do は能動態で「(人が) ～する必要がある」（会話例①）という意味になる。

未来のこと・過去のことタイプ：たとえば forget では、forget to do は「～することを忘れる」(未来のこと)（会話例②）、forget ～ing は「～したことを忘れる」(過去のこと)（会話例③）というように意味が分かれる。remember や regret もこのタイプ。

ニュアンスが変わるタイプ：「試み」を表す try や attempt の場合、try[attempt] to do は「～しようとする」とその努力を意味するのに対し（会話例④）、try[attempt] doing は「試しに～してみる」という実際の行為を表す。

会話例 — 読んで、聴いて覚える英文法

1

A：部屋の掃除しておく必要ある？
B：もちろんよ。佐伯先生がいらっしゃるんだから。

A : Do I *need to clean* my room?
B : Of course, you do. Ms. Saeki is coming.

2

A：店に寄って、ファックス用紙を買ってくるのを忘れないでね。
B：じゃあ、メモさせて。

A : Don't *forget to drop* by the shop to buy a roll of fax paper.
B : Let me write that down.

3

A：大統領と握手したことは決して忘れない。
B：僕も忘れないよ。

A : I'll never *forget shaking* the President's hand.
B : Me neither.

4

A：浩太がそのパーティーにシルクハットをかぶってきたって聞いたよ。
B：笑わないように頑張ったけど、駄目だったよ。

A : I heard Kota came to the party with a top hat on.
B : I *tried not to laugh*, but I couldn't contain myself.

Part 5 選択を誤っていませんか？

もう、これが言える！

次は練習問題にチャレンジ。スラスラ言えるようになるまで、くり返しやってみよう。

1. 必要なら、僕のパソコン、使っていいよ。(need を用いて)

2. このパソコンは修理が必要です。(need を用いて)

3. 帰りに娘に本を買う約束をしていたことを思い出した。

4. パパ、帰りに私の本を買ってくるのを忘れないようにね。

5. 新しい携帯でもう写真を撮ってみた？

解答例

1. **You can use my computer if you *need to* (*use it*).** (＊use it はふつう省略される)
2. **This computer *needs repairing*. / This computer *needs to be repaired*.**
3. **I *remembered promising* my daughter to buy a book for her on my way home.**
4. ***Remember to buy* a book for me on your way home, Dad.**
5. **Have you *tried taking* pictures with your new cellphone yet?**

CHAPTER 9

「いつも何かに感動してる」
—— always、all the time、every time:「いつも」の使い分け ——

問：下線部の英語、OK？　それともNG？

A：聡志は山頂からの眺めにすごく感動してたよ。
B：彼はいつも何かに感動してるね。
A：Satoshi was truly moved by the view from the summit.
B：He's <u>always being</u> moved by something.

Part 5　選択を誤っていませんか？

正解は ➤➤➤ **OK**

どうしてOKなの？

「いつも」にはalways、all the time、every timeなどがあるが、これらの使い分けについて考えてみよう。alwaysは現在形で用いることも多いが(「もっと詳しくポイントチェック」参照)、「始終、いつもいつも、繰り返し」というニュアンスで、反復や継続を表す場合には現在進行形で用いる。そのため、問題文の表現は正しい。

正解訳

A：Satoshi was truly moved by the view from the summit.
B：He's always being moved by something.

もっと詳しくポイントチェック

右の会話例を見ながら、さらに理解を深めよう。

always：「いつも」という意味の副詞で、頻度の度合いはほぼ100パーセント。ただし特に口語では「(まったく)いつもいつも」というようなニュアンスで、大げさな表現として使うことが多い。現在形でも現在進行形でも用いることができ、日常的に起こっていることは現在形で表す（会話例①）。

all the time：always同様「いつも」という意味で用いるが、基本的に「繰り返しやること」ではなく、「常に連続している状態・動作」を指し、現在形とともに用いる（会話例②）。

every time：「〜するときはいつも」という意味で接続詞的に用いる（会話例③）。ただし「〜するときは」という部分が文脈から明らかな場合、every timeのみを独立して用いる（会話例④）。また、この会話例④でall the timeやalwaysを用いると、「(自分に会う、会わないに関係なく)彼女はいつもにっこりほほえんでいる」という意味になるので注意。

49 会話例──読んで、聴いて覚える英文法

1
A: これで君はわが社の女性部長第1号だね。すごいぞ！
B: あなたの思いやりのあるほめ言葉には、いつも感謝してるわ。
A: That makes you the first female manager here. That's great!
B: I *always* appreciate your kind compliments.

2
A: どうして千加はあんなに勉強ができるのかな？
B: いつも勉強してるからだよ。
A: Why does Chika do so well in class?
B: Because she studies *all the time*.

3
A: 出張となるといつも子供が熱を出すんだ。
B: そんなものよ。
A: My kids get a fever *every time* [whenever] I go on a business trip.
B: That's just how it is.

4
A: その顔からして、今朝もまたバスであこがれの彼女に会えたのね？
B: 彼女はいつも僕に、にっこりほほえんでくれるんだ。
A: From your expression, it looks like you saw the girl that you're taken with on the bus again this morning.
B: She smiles at me *every time*.

もう、これが言える！

次は練習問題にチャレンジ。スラスラ言えるようになるまで、くり返しやってみよう。

1. アンナは土曜日はいつも寝て過ごす。

2. あなたって、いつもいつもヘマばかりやってるわね。

3. 清はどうしていつも眠そうなの？

4. 私がクラシックのコンサートに誘うたび、あなたは断るのね。

5. （花屋の店員の話をしていて）
   その子、いつも僕にバラを一本サービスしてくれるんだ。

解答例

1. **Anna *always* spends all day sleeping on Saturday./Anna *always* spends her Saturdays sleeping.**
2. **You're *always making* blunders.**
3. **Why does Kiyoshi look so sleepy *all the time*?**
4. ***Every time*[Whenever] I ask you to go to a classical concert, you refuse.**
5. **She throws in an extra rose for me *every time*.**

CHAPTER 10

「いつかチェックする時間ある？」
―― 同じに見えて、実は違う anytime と any time ――

問：下線部の英語、OK？　それとも NG？

A：この文書をチェックする時間ある？
B：うん、ランチおごってくれるならね。
A：Do you have <u>anytime</u> to check this document?
B：Yes, if you buy me lunch.

Part 5　選択を誤っていませんか？　207

正解は →→→ **NG**

どうしてNGなの？

1語で用いる anytime と2語で用いる any time。これらは区別の必要のない場合もあるが、区別しなければならないときもある。たとえばこの問題文のように「いくらかの時間」という意味の名詞句として用いる場合は、anytime ではなく、any time のように2語でつづり、発話の際はアクセントは time のほうに置く。

正解訳

A: Do you have any time to check this document?
B: Yes, if you buy me lunch.

もっと詳しくポイントチェック

右の会話例を見ながら、さらに理解を深めよう。

区別の必要のない場合:「いつでも」のように副詞として用いる場合、anytime、any time の両方を使うことができる（会話例①）。米国では anytime を用いることが多い。会話例①のBは、any time を使って、Call me at any time of the day if you need help. とも表される。この場合アクセントは any に置く。

anytimeを用いる場合:「どういたしまして」という意味の間投詞としては1語の anytime を用い、any time と2語にすることはできない（会話例②）。

sometime と some time の場合:「いつか、そのうち」のように副詞として用いる場合、1語で sometime と表すことが多い（会話例③）が、some time を用いることも可能で、その場合アクセントは some に置く。「しばらくの間」のように名詞句として用いる場合は、2語の some time（会話例④）。この場合アクセントは time に置く。

会話例──読んで、聴いて覚える英文法

1
A：役に立つアドバイスをいろいろありがとう。
B：助けが必要なときはいつでも電話して。

A : Thank you for all your useful advice.
B : Call me *anytime* [*any time*] you need help.

2
A：君がいてくれて本当によかった。危ないところで助かったよ。
B：どういたしまして！

A : I'm so glad you were here. You saved my neck.
B : *Anytime*!

3
A：君の家って、もう完成したの？
B：うん。いつか遊びに来てね。

A : Is your house done yet?
B : Yes. Come over and see me *sometime*.

4
A：僕と一緒に新しい会社を始めない？
B：ちょっと考えさせて。

A : How about starting a new company together?
B : I need *some time* to think about it.

もう、これが言える！

次は練習問題にチャレンジ。スラスラ言えるようになるまで、くり返しやってみよう。

1. 質問があったらいつでも聞いてね。

2. 宿題を見てもらう時間ある？

3. （仕事を手伝ったことで同僚からお礼を言われ）
   どういたしまして。

4. いつか妃殿下にお目にかかりたいなあ。

5. それを考えるのに、少し時間を与えよう。

解答例

1. **Ask me *anytime*[*any time*] you have a question.**
2. **Do you have *any time* to help me with my homework?**
3. ***Anytime*!**
4. **I'd like to see the princess *sometime*.**
5. **I'll give you *some time* to think about it.**

プロフィール

岡悦子（Oka Etsuko）

英語関係を専門とするフリーランス編集者。共著に『子どもに英語を教えるな！』（バジリコ出版）、『英語の健康診断310問』（講談社インターナショナル）、携わった辞典に『ランダムハウス英和大辞典第2版』、『ワードパル英和辞典』（共に小学館）などがある。

ベンジャミン・トンプキンズ（Benjamin Tompkins）

米国生まれ。コロラド大学大学院で日本文学の修士号を取得。米国にて、翻訳会社 j-translate.com を創立。現在、翻訳・通訳業に携わっている。共著に『英語の健康診断310問』（講談社インターナショナル）がある。米国翻訳協会日本語部門、日本翻訳者協会などに所属。

ディビッド・A・セイン（David A. Thayne）

米国出身。日米会話学院、バベル翻訳外語学院などでの教授経験を生かし、数多くの英会話関係書籍を執筆。著書・共著書は『朝日英語スタイルブック』（小社刊）、『これを英語で言えますか？』（講談社インターナショナル）など50作以上。英語を中心テーマとして、さまざまな企画を実現するエートゥーゼットを主宰。

［CD付き］聴くだけでラクラク身につく
生きた会話の英文法

2003年11月10日　初版第1刷発行

発行者　原　雅久
発行所　株式会社 朝日出版社
　　　　〒101-0065 東京都千代田区西神田3-3-5
　　　　TEL：03-3263-3321
　　　　郵便振替 00140-2-46008
　　　　http://www.asahipress.com/e-park/
装　丁　岩瀬　聡
イラスト　安ヶ平正哉
録　音　F.LEC（財団法人英語教育協議会）
組　版　ナグ（Nippon Art Graphic）
印刷・製本　図書印刷株式会社

© Asahi Shuppan-sha, 2003　Printed in Japan
ISBN-4-255-00247-9 C0082

【CD-ROM版】
asahi press
SENTENCE センテンス

信頼できる英文を日本語からでも、英語からでも瞬時に検索。
英文が簡単に書ける。自由に使いこなせる！

膨大なモデル例文から、書きたい英文がすぐ見つかる。

→ 英語でEメール・手紙・ファクスを書くとき
→ 英文リポートを書くとき → 英語の問題や例文をつくるとき
→ 論文や講演用の英文を作成するときなど

辞書を片手に英文を作っても、それが本当に通用する英語になっているかどうか不安を覚える多くの日本人のために考え出された、画期的なデータベース。
パーツごとに訳すことになる和英辞典や自動翻訳ソフトとは違い、例文の一部を入れ替えて使うため、より正確な英文が自分でどんどん書ける。

お買い上げ後も、文例が定期的に増量される無料ダウンロード・サービスが大好評！

増殖データ配信中、公式サイト
http://www.asahipress.com/sentence

信頼のおける豪華執筆陣

ドナルド・キーン／エドワード・G・サイデンステッカー／
ジャン・マケーレブ／マーク・ジュエル／F・J・クディラ／
羽鳥博愛／藤井章雄／松本道弘／安田一郎／
山田晴子／伊良部祥子／大井毅(医学) ほか

● 使用環境
対応OS：日本語対応Windows95(SP1以降)、Windows98、
Windows NT(administrator)、Windows2000、
WindowsMe、WindowsXP
CPU：Pentium以上
HDD：空き容量200MB以上　メモリ：32MB以上
モニタ解像度：800×600以上　64000色以上
＊但し搭載OSの最低動作環境以上であること

定価6,000円(税込)

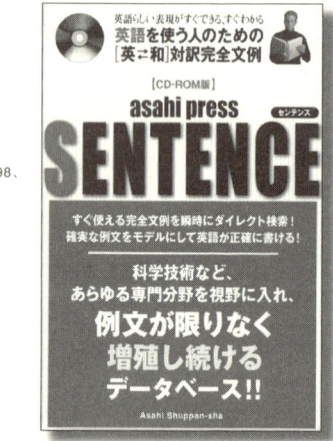

朝日出版社
〒101-0065 東京都千代田区西神田3-3-5
TEL 03-3263-3321

英語らしい表現がすぐできる、すぐわかる
英語を使う人のための[英⇄和]対訳完全文例

【CD-ROM版】
asahi press
SENTENCE センテンス

すぐ使える完全文例を瞬時にダイレクト検索！
確実な例文をモデルにして英語が正確に書ける！

科学技術など、あらゆる専門分野を視野に入れ、
例文が限りなく増殖し続けるデータベース!!

Asahi Shuppan-sha

誰でも英語が「訳せる」ようになる！

英和イディオム 完全対訳辞典

20,000のイディオム表現を40,000の完全対訳例文で徹底解説！
英語の意味を自然な日本語でつかむ、最新・最大のイディオム辞典！

元NHKラジオ「続・基礎英語」ほか講師　元玉川大学教授
ジャン・マケーレブ＋岩垣守彦＝編著　B6判変型／並製カバー函入り／1856ページ／定価（本体4800円＋税）

英語の急所（イディオム）を 丸ごと日本語で理解する！

キーワード配列ですぐ引ける
頻出イディオム約20,000表現をキーワードで配列。
引きたい表現がすぐ見つかる。

充実した語義でだれでも訳せる
ピッタリで自然な語義をできる限り多く提示。
だれでもニュアンスがつかめてすぐ訳せる。

完全対訳例文つきだからよく分かる
収録表現すべてに、使い方がそのまま分かる例文つき。
細かいニュアンス、シチュエーションも間違いなくつかめる。

いきいきした面白い例文
すべて書き下ろしの生きた例文は、
つい読みふけってしまう面白さ。

最新の意味と使い方までがはっきり分かる
up to dateな意味の変化も追跡。
例文にも必要に応じてくわしい解説。

ビジネス、会話にも役立つ
よく使う決まり文句、比喩表現、口語・俗語表現、
日本人には分かりにくいユーモアや皮肉、
よくおどけて使われる古風な表現、諺など、
解説とともに徹底収録。

朝日出版社 〒101-0065 東京都千代田区西神田3-3-5　TEL 03-3263-3321　http://www.asahipress.com/e-park

CNN ENGLISH EXPRESS

CNNライブ収録CD付き
毎月6日発売／90ページ／定価1,400円（税込）

初級から上級までの幅広い英語レベルに対応できる
3段階ステップアップ方式でCNNを完全リスニング！

CROSSFIRE
ブッシュは対イラク開戦で米国民を欺いたのか

Bush under Attack over Iraq

CNNと独占提携!!
TOEIC®・英検など試験対策に、
日常会話やビジネスに、
「耳」からどんどん強くなる
最強の英語月刊誌！

最新ニュースや
有名人インタビューなど
CNNならではの素材を、
丁寧な解説のついた本誌と、
完全対応の付録CDとで丸かじり！
CDにはナチュラルスピードのほか、
ゆっくりスピードも収録。

朝日出版社　〒101-0065 東京都千代田区西神田3-3-5　TEL 03-3263-3321　http://www.asahipress.com/e-park